JN115488

保存版！ **30年間の横浜市営バス全型式をカラーで紹介！**

昭和末期～平成のバス大図鑑 第4巻

横浜市交通局

加藤佳一（BJエディターズ）

「横浜赤レンガ倉庫」の前を走る観光スポット周遊バス「あかいくつ」。専用のレトロ調車両が使用されている。

Contents

路線バスに加え、貸切バスも所管している滝頭営業所。

横浜市営バス路線図（昭和63年10月1日現在）

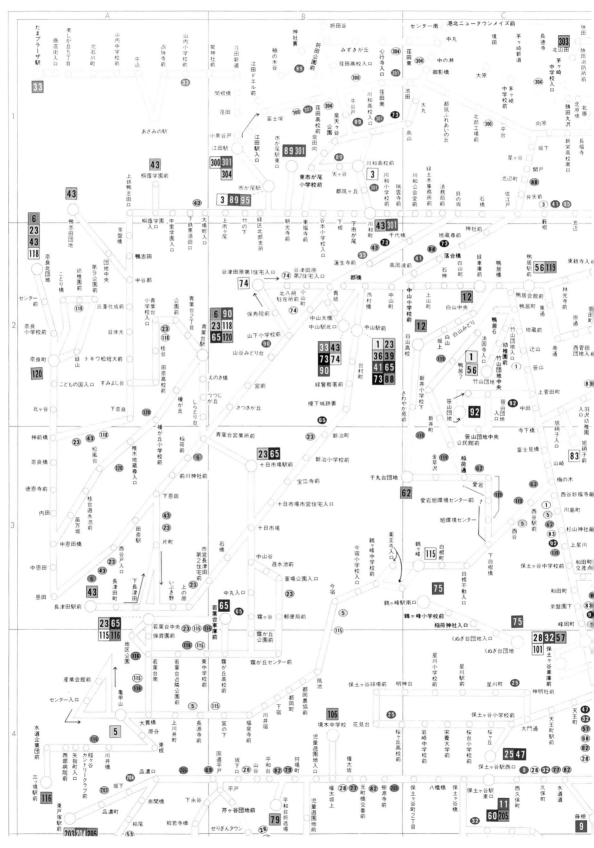

4

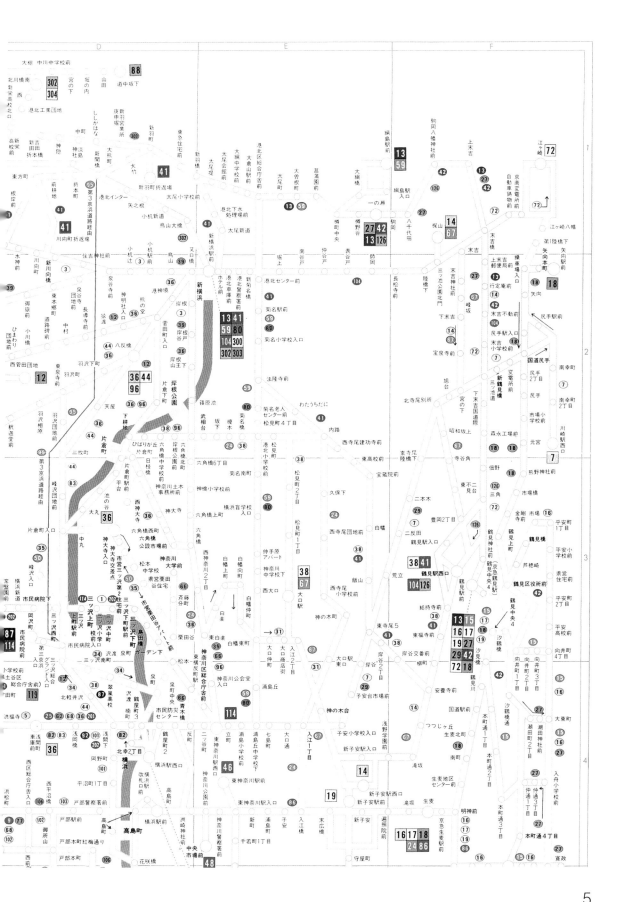

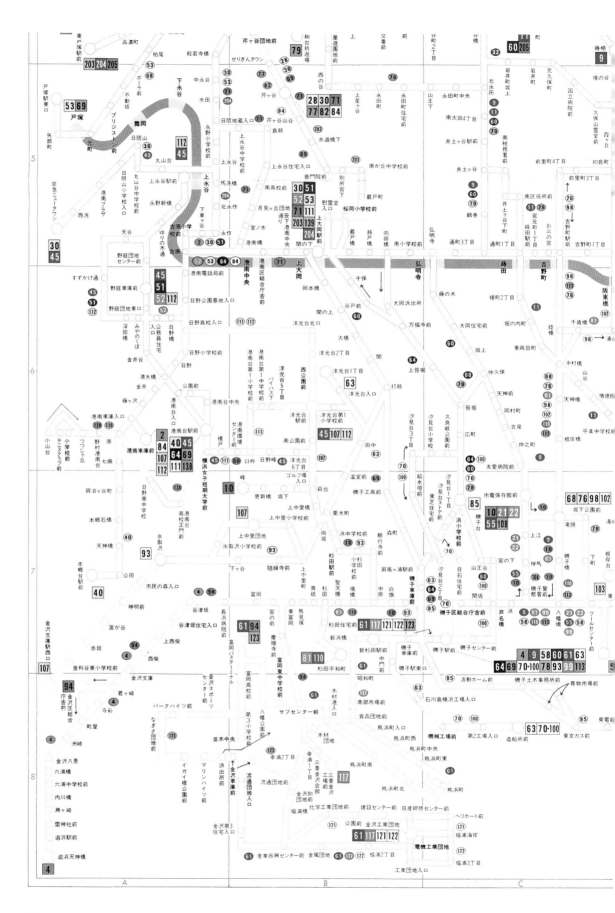

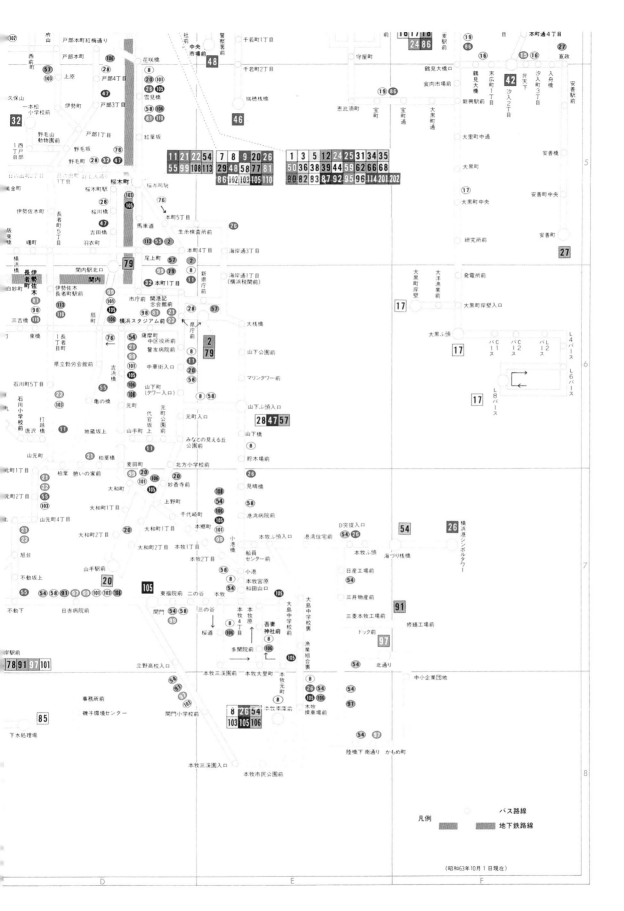

昭和最後のころの車両たち

　筆者が初めて横浜市営バスの車両撮影取材に臨んだのは、1999（平成11）年の初夏のことである。当時の最古参は路線バスが1988年度車、特定バスが1987年度車で、「昭和58年排出ガス規制」適合のP-車であった。車両は営業所ごとにメーカーが決められており、大型路線車は2種類のホイールベースが使い分けられていた。局番は1桁の数字と4桁の数字をハイフンで結んだもので、1桁の数字は購入年度西暦の下1桁、4桁の数字は千位がメーカー、百位が貸切・特定・一般路線（ワンツーマン兼用・ワンマン専用）という用途を示している。

8-3331（日野P-HT233BA）

1999年取材時の路線バス最古参は1988年度車。日野の大型はすべて短尺で、取材時には保土ケ谷・浅間町・港南・野庭に配置されていたが、保土ケ谷を除く3営業所に15台が残っていた。

8-4307（日産ディーゼルP-U32L）

日産ディーゼルの大型はエンジンPE6H型、ホイールベース5100㎜、富士5E型ボディの本型式7台が在籍。日デ車は短尺が港北ニュータウン・滝頭、中間尺が磯子に配置されていた。

8-1334（いすゞ P-LV314K）

いすゞの大型車は短尺が港北、中間尺が鶴見に配置されていた。短尺の
最古参は本型式で、IKCボディ架装のキュービック。計20台導入され、う
ち7台が最後の活躍を続けていた。

8-1308（いすゞ P-LV314L）

鶴見に配置されていた中間尺キュービックの最古参車。1999年取材時には10台在籍していた。キュービックは1988年度車まで冷
房がヂーゼル機器製の室内分散型ユニットだった。

リヤ

8-2310（三菱ふそうP-MP218K）

三菱の大型車は短尺を若葉台・緑、中間尺を本牧に配置。短尺の最古参
は本型式で、緑に7台残っていた。緑配置車は1994年度車まで前面・後
面の系統幕と行先幕が分割されていた。

8-2321（三菱ふそうP-MP218M）

本牧に配置されていた中間尺エアロスターの最古参車。エアロスターはすべて呉羽ボディで、三菱製の冷房装置が搭載されていた。
計16台導入され、うち5台が活躍を続けていた。

8-4329（日産ディーゼルP-RB80G改）

都心循環系統用として新製された西工ボディの中型車。エンジンFE6型、ホイールベース4360mmのトルコンAT車である。8台新製され、4329はのちに港北ニュータウンに転属した。

7-2108（三菱ふそうP-MP218M改）

1999年取材時の最古参だった特定車。中扉にリフトを装備しており、改造型式となっている。特定車には1995年度まで旧貸切カラーをアレンジしたデザインが採用されていた。

1989（平成元）年度の車両

　1989（平成元）年度も前年度と同様に「昭和58年排出ガス規制」適合のP-車が導入されている。路線バスはすべて大型で、従来どおり4メーカーの短尺車といすゞ・三菱・日産ディーゼルの中間尺車を増備。日産ディーゼル車はメーカーのモデルチェンジにより、富士7E型ボディ架装になっている。また各営業所に1台ずつ、機械式AT装備車が試験的に配置された。特定バスは日産ディーゼルの中型車1台が導入されている。なお、オープントップのロンドンバス（ブリストルロデッカ）1台が短期間、桜木町駅〜元町入口間で観光用として使用された。

9-4341（日産ディーゼルP-U33K改）

1989年度に初めて登場した型式で、富士7E型ボディの日産ディーゼル車。エンジンはPF6H型、短尺タイプのホイールベースは4720mm。4341は機械式AT「E-MATIC」を装備していた。

9-4210（日産ディーゼルP-U33K改）

上記の4341と同型式ながら、4210は局番の百位が「2」で、中扉の後ろに車掌台があるワンツーマン兼用車。誘導員が乗務する狭隘路線を所管する滝頭に配置。機械式AT車である。

9-4331（日産ディーゼルP-U33L改）

富士7E型ボディの日産ディーゼル車で、ホイールベース5240mmの中間尺車。機械式AT「E-MATIC」装備の4330・4331が金沢・磯子に新製配置され、のちに4330も磯子に転属した。

9-3370（日野P-HT233BA）

前年度に引き続き導入された短尺ブルーリボンHTツーステップバスのP-車。エンジンはM10U型、ホイールベースは4800mmである。保土ケ谷・浅間町・港南・野庭に配置された。

1989年度の短尺ブルーリボンHTツーステップバスのうち、3374・3393・3410・3423は機械式AT「EE-DRIVE」を装備し、右側面裾部にミッションオイルクーラーの通気口があった。

9-3393（日野P-HT233BA）

9-4104（日産ディーゼルP-RM81G改）

特定車として1989年度に1台だけ採用された日産ディーゼルの中型車。エンジンはFE6型、ホイールベースは4280mm、ボディは引き違い窓の富士6B型で、中扉にリフトを装備していた。

9-2367（三菱ふそうP-MP218K）

前年度に続いて導入された短尺エアロスターツーステップバスのP-車。エンジンは6D22型、ホイールベースは4800mmである。緑営業所の2367はLPG燃料併用改造が行われていた。

1989年度の短尺エアロスターツーステップバスのうち、緑の2368と若葉台の2374は機械式AT「M-MAT」を装備していた。なお、P-車の通風装置は3基の丸形ファンとなっている。

9-2368（三菱ふそうP-MP218K）

9-2348（三菱ふそうP-MP218M）

呉羽ボディのエアロスターで、ホイールベース5300mmの中間尺車。このうち2332〜2347は前年度と同じMT車、2348は機械式AT「M-MAT」装備車。いずれも本牧に配置されていた。

9-1348（いすゞ P-LV314K改）

前年度に引き続き導入された短尺キュービックツーステップバスのP-車。エンジンは6QA2型、ホイールベースは4650mm。1989年度車はヂーゼル機器の冷房が屋根上集中型になった。

1989年度の短尺キュービックツーステップバスのうち、1358は機械式AT「NAVi5」を装備していた。ただし日野ブルーリボンのAT車のように、外観で識別することはできなかった。

9-1358（いすゞ P-LV314K改）

9-1368（いすゞ P-LV314L改）

IKCボディのキュービックで、ホイールベース5000mmの中間尺車。ヂーゼル機器の冷房は屋根上集中型。MT仕様の1359〜1367と機械式AT「NAVi5」装備の1368が鶴見で活躍していた。

1990（平成2）年度の車両

　1990（平成2）年度には「平成元年排出ガス規制」適合のU-車が4メーカー揃って登場した。路線バスはすべて大型で、短尺車と中間尺車が増備されたが、日産ディーゼル車は新製されていない。通勤高速バス用として、ハイバックシートの長尺三菱車が導入された。いすゞ製のエンジンが変更され、IKC・日野製のボディがモデルチェンジされている。また路線バス全車に機械式ATが採用されている。特定バスには日産ディーゼルの中型を採用。こちらはMT仕様が踏襲された。なお、6月には若葉台営業所と野庭営業所が開業している。

0-1374（いすゞ U-LV324K）

1990年度に初めて採用されたキュービックのU-車。6QB2型エンジンを持つ機械式AT車。短尺タイプのホイールベースは4650㎜である。1372～1374の3台が港北に配置されていた。

0-1369（いすゞ U-LV324L）

同じく初めて導入された機械式ATのU-車で、ホイールベース5000㎜の中間尺タイプ。キュービックはU-車から側面方向幕部分の窓が1枚ガラスとなった。3台が鶴見に配置された。

0-3441（日野U-HT2MLAA）

ブルーリボンHTのU-車で、エンジン・ホイールベースはP-車と同一。前面方向幕の左右がガラスになった。機械式ATで、右側面裾部にミッションオイルクーラーの通気口があった。

0-2401（三菱ふそうU-MP218N）

ホイールベース5800mmの長尺エアロスター。補助席つきのハイバックシートを装備。首都高速経由の150系統用に4台新製され、のちにベイブリッジ経由の109系統に転用された。

0-2385(三菱ふそうU-MP218M)

1990年度に初めて採用されたエアロスターのU-車。6D22型エンジンの機械式AT車。中間尺のホイールベースは5300㎜。8台が本牧に配置され、2385～2388はDPFが取り付けられていた。

同じく初めて導入された機械式ATのU-車で、ホイールベース4800㎜の短尺タイプ。横浜市営バスのエアロスターはセーフティウィンドがない。若葉台に6台、緑に9台配置された。

0-2378(三菱ふそうU-MP218K)

0-4105(日産ディーゼルU-RM210GSN改)

スクールバス用として滝頭に1台配置された日産ディーゼルRMのU-車。エンジンはFE6型、ホイールベースは4280㎜、ボディは引き違い窓の富士8B型で、中扉にリフトを装備していた。

1991（平成3）年度の車両

　1991（平成3）年もU-車が導入されている。路線バスはすべて大型で、日産ディーゼルのU-車が初めて登場。機械式ATが踏襲されている。またリフトつきバスを4メーカー1台ずつ、日野の電気式ハイブリッドバス「HIMR」を1台採用した。特定バスはいすゞの大型と中型を1台ずつ新製。貸切バスとして、一般輸送用の日野セレガスーパーハイデッカーが1台、契約輸送用の日野レインボーABが2台導入されている。なお、5月には金沢派出所を磯子営業所に統合。6月には川和営業所を廃止し、港北ニュータウン営業所を新設している。

1-3473（日野U-HU2MLAA改）

1991年度に1台登場したブルーリボンHUツーステップバス。ニーリング機能つきのエアサス車で、グライドスライドドアの中扉にリフトを装備。浅間町で201系統などに使用された。

1-3461（日野U-HT2MLAA）

前年度に続き16台導入された短尺ブルーリボンHTツーステップバスのU-車。機械式ATのリーフサス車で、スタイルは前年度車と同じ。保土ケ谷・浅間町・港南・野庭で活躍した。

1-3474（日野U-HT2MLA改）

1991年度に初めて1台採用された電気式ハイブリッドバス「HIMR」。青いハートマークで、低公害がアピールされた。1991年度車はこの車両のみMT仕様で、浅間町に配置されていた。

1-4218(日産ディーゼルU-UA440HAN改)

1991年度に1台登場した日産ディーゼルUAのエアサス車。ニーリング機能つきで、グライドスライドドアの中扉にリフトを装備している。滝頭で76・98系統などに使用された。

1-4217(日産ディーゼルU-UA440HSN)

1991年度に初めて導入された日産ディーゼルUAツーステップバスのU-車。4211～4217は車掌台があるワンツーマン兼用車。滝頭に新製配置されたが、のちに一部が転出している。

1-4366(日産ディーゼルU-UA440HSN)

同じく初めて登場した日産ディーゼルUAツーステップバスのU-車。エンジンはPF6型、4366・4367のホイールベースは4720㎜。新たに開設された港北ニュータウンに配置された。

1-4349(日産ディーゼルU-UA440LSN改)

同じく初めて導入された日産ディーゼルUAツーステップバスのU-車。こちらはホイールベース5240㎜である。磯子に4台、新たに開設された港北ニュータウンに24台配置された。

1-2417（三菱ふそうU-MP618M改）

1991年度に1台採用されたエアロスターツーステップバスのエアサス車。ニーリング機能つきで、グライドスライドドアの中扉にリフトを装備している。本牧に配置されていた。

1-2404（三菱ふそうU-MP218M）

前年度に続き10台導入された中間尺エアロスターツーステップバスのU-車。機械式ATのリーフサス車で、スタイルは前年度車と同じ。全車ともDPF取り付け改造が行われていた。

1-2416（三菱ふそうU-MP218K）

前年度に引き続き5台新製された短尺エアロスターツーステップバスのU-車。機械式ATのリーフサス車で、スタイルは前年度車と同じ。全車ともDPF取り付け改造が行われていた。

1-1386（いすゞU-LV224K改）

1991年度に1台採用されたキュービックツーステップバスのエアサス車。ニーリング機能つきで、グライドスライドドアの中扉にリフトを装備している。港北に配置されていた。

1-1376（いすゞ U-LV324K）

前年度に引き続き2台導入された短尺キュービックツーステップバスのU-車。機械式ATのリーフサス車で、スタイルは前年度車と同じ。港北に配置され、所管路線で活躍していた。

1-1382（いすゞ U-LV324L）

こちらも前年度に続いて増備された中間尺キュービックツーステップバスのU-車。機械式ATのリーフサス車で、ボディスタイルは変わっていない。9台が鶴見に配置されていた。

1-1104（いすゞ U-LV324M改）

特定車として新製されたキュービック。機械式AT仕様で、ホイールベースは路線車のキュービックより長い5200mm。中扉にリフトを装備する。車体更生の際に新塗色になった。

1-1103（いすゞ U-LR332J改）

こちらも特定車として新製されたジャーニーK。MT仕様で、エンジンは6HE1型、ホイールベースは4300mm。観光マスク・引き違い窓のIKCボディで、中扉にリフトを装備していた。

1-3005（日野U-RU3FTAB）

1991年度に貸切バスとして1台導入されたセレガGD。エンジンはF20C
型、ホイールベースは6480mm、乗客定員は48人である。1999年の取材
時には定期観光バスに転用されていた。

金沢動物園の来園者輸送用として新
製されたレインボーAB。3003はフ
ロントエンジンのレイアウトを生か
して後面にリフトを装着。冷房装置
を屋根上に搭載した特注仕様だった。

1-3003（日野U-AB2WGAA）

1-3004（日野U-AB2WGAA）

同じく金沢動物園の契約貸切輸送用
だったレインボーAB。エンジンは
W04D型、ホイールベースは3780mmの
MT車。リフトのない3004は、冷房装
置を床下に搭載した標準仕様だった。

1992(平成4)年度の車両

　1992(平成4)年度も「平成元年排出ガス規制」適合のU-車が導入されている。路線バスはすべて大型で、これまでどおり4メーカーの短尺車といすゞ・三菱・日産ディーゼルの中間尺車を導入。エアサス仕様のリフトつきバスが4メーカー1台ずつ、日野の電気式ハイブリッドバス「HIMR」が5台増備されている。これらはハイブリッドバスを除き機械式ATとなっており、ボディスタイルは前年度の車両とほぼ変わっていない。スクール用の特定バスの新製は行われていないが、貸切バスには前年度に続き日野セレガGDが採用されている。

2-2426(三菱ふそうU-MP618M改)

前年度に引き続き本牧に1台配置されたエアサスの中間尺エアロスターツーステップバス。中扉にリフトを装備していた。機械式AT車で、のちにDPF取り付け改造が行われた。

2-2441(三菱ふそうU-MP218K)

前年度に続いて15台新製された短尺エアロスターツーステップバスのU-車。前中引戸・2段窓の呉羽ボディが架装された機械式AT車。のちに全車両にDPF取り付け改造が行われた。

2-2424（三菱ふそうU-MP218M）

前年度に引き続き導入された中間尺エアロスターツーステップバスのU-車。前中引戸・2段窓の呉羽ボディを持つ機械式AT車。本牧に11台配置され、DPF取り付け改造が行われた。

2-4379（日産ディーゼルU-UA440HSN）

前年度に続いて増備された日産ディーゼルUAツーステップバス。前中引戸・2段窓の富士7E型ボディを持つ機械式AT車。車掌台のない短尺車は港北ニュータウンに2台配置された。

2-4381（日産ディーゼルU-UA440LSN改）

前年度に引き続き導入された中間尺の日産ディーゼルUAツーステップバス。前中引戸・2段窓の富士7E型ホディを持つ機械式AT車。磯子に1992年に6台、1993年に3台が配置された。

2-4219（日産ディーゼルU-UA440HSN）

同じく前年度に引き続き増備された日産ディーゼルUAツーステップバス。前中引戸・2段窓の富士7E型ボディを持つ機械式AT車。車掌台つきの短尺車は滝頭に1台だけ配置された。

前年度に続いて滝頭に1台配置された短尺の日産ディーゼルUAツーステップバスのエアサス車。機械式AT車である。グライドスライドドアにリフトが装着され、車掌台がある。

2-4220（日産ディーゼルU-UA440HAN改）

2-1391（いすゞU-LV324L）

前年度に続いて導入された中間尺キュービックツーステップバスのU-車。前中引戸・2段窓のIKCボディが架装された機械式AT車。鶴見に1992年に6台、1993年に2台が配置された。

2-1390（いすゞ U-LV224K改）

前年度に引き続き港北に1台配置されたエアサスの中間尺キュービック
ツーステップバス。中扉にリフトを装備。なお、リフト車は後面にリフト
使用時の告知灯が装着されていた。

2-1388（いすゞ U-LV324K）

前年度に引き続き増備された短尺キュービックツーステップバスのU-車。
前中引戸・2段窓のIKCボディが架装された機械式AT車である。1992
年度は港北に3台が新製配置された。

2-3495（日野U-HT2MLA改）

前年度に続いて採用されたブルーリボンHTの電気式ハイブリッドバス「HIMR」。前年度と同型の短尺・リーフサス・MT車である。
保土ケ谷と港南に各2台、浅間町に1台配置された。

2-3491（日野U-HT2MLAA）

前年度に続いて導入された短尺ブルーリボンHTのU-車。前中引戸・2段窓の日野ボディを持つ機械式AT車。保土ケ谷に4台、浅間町と野庭に3台ずつ、港南に7台が新製配置された。

前年度に引き続き浅間町に1台配置されたエアサス仕様の短尺ブルーリボンHUツーステップバス。グライドスライドドアにリフトを装備し、後面にリフト使用時の告知灯があった。

2-3478（日野U-HU2MLAA改）

2-3006（日野U-RU3FTAB）

前年度に引き続き貸切バスとして1台導入されたセレガGD。乗客定員は48人である。横浜市交通局は1999年3月にいったん貸切バス事業から撤退したため、乗合予備となっていた。

1993(平成5)年度の車両

　1993(平成5)年度もU-車が導入されている。路線バスは4メーカーの短尺大型車と三菱・日産ディーゼルの中間尺大型車、いすゞの短尺中型車を導入。側窓が引き違い式になった点が大きな特徴である。3メーカーのリフトつきバスのほか、三菱の補助ステップつきワンステップバスを初めて採用。ハイブリッドバスは電気式の日野「HIMR」に加え、蓄圧式の三菱「MBECSⅠ」が初めて登場した。特定バスは日野の大型と日産ディーゼルの中型を導入。定期観光バスに日産ディーゼル＋ヨンケーレのダブルデッカーが採用されている。

3-4001（日産ディーゼルRG620VBN）

定期観光の日産ディーゼル製ダブルデッカー代替用として3台新製。エンジンRF10型、ホイールベース5830＋1300㎜で、ボディはベルギーのヨンケーレ製。乗客定員は61人である。

3-4412（日産ディーゼルU-UA440LAN改）

前年度に続いて1台採用されたリフトつきの日産ディーゼルUAツーステップバス。機械式AT車である。1993年度車は引き違い窓となり、磯子に配置されたため中間尺となっている。

3-4404（日産ディーゼルU-UA440LSN改）

磯子に14台配置された中間尺の日産ディーゼルUAツーステップバス。リーフサス仕様の機械式AT車である。1993年度車から側窓が引き違い式となり、イメージが大きく変わった。

3-4387（日産ディーゼルU-UA440HSN）

港北ニュータウンに15台配置された短尺の日産ディーゼルUAツーステップバス。機械式AT車で、側窓が引き違い式に変更された。第二京浜道路走行を考慮し、ABSが装着されていた。

3-4226（日産ディーゼルU-UA440HSN）

滝頭に8台配置された短尺の日産ディーゼルUAツーステップバス。リーフサスの機械式AT車である。車掌台つきだが、側窓が引き違い式に変更されたため、車掌台窓が廃止された。

3-4106（日産ディーゼルU-RM210GSN改）

特定車として1990年度に続いて導入された日産ディーゼルRMツーステップバス。前中引戸・引き違い窓の富士8B型ボディを持ち、中扉にリフトを装備していた。MT車である。

3-3501（日野U-HT2MLAA）

保土ケ谷に8台、浅間町に15台、野庭に1台配置された短尺ブルーリボンHTツーステップバスのU-車。機械式AT車である。側窓が引き違い式になり、前面の通気口が大きくなった。

3-3527（日野U-HT2MLAH）

浅間町に2台、保土ケ谷と野庭に1台ずつ配置された電気式ハイブリッドバス「HIMR」。MT仕様となっている。ディーゼル車の改造型式から、ハイブリッド車の専用型式に変わっている。

3-3526（日野U-HU2MLAA改）

1993年度は2台採用された短尺のリフトつきバス。機械式ATのエアサス車で、中扉はグライドスライドドアで、側窓は引き違い式である。保土ケ谷と港南に1台ずつ配置されていた。

3-3105（日野U-HT2MMAA改）

特定車に初めて導入された中間尺ブルーリボンHTのU-車。前中引戸・逆T字型窓の日野ボディで、中扉にリフトを装備する機械式AT車。ABSつきの1台が保土ケ谷に配置されていた。

3-2469（三菱ふそうU-MP218K改）

1993年度に初めて登場した補助ステップつきのエアロスターワンステップバス。前扉・中扉とも開扉と同時に第1ステップが下がる仕組みになっている。緑に1台配置されていた。

3-2467（三菱ふそうU-MP218K改）

こちらも1993年度に初めて採用された蓄圧式ハイブリッドバス「MBECSⅠ」。制動時のエネルギーを油圧として蓄え、発進時にエンジンをサポートする。若葉台に1台配置された。

3-2454（三菱ふそうU-MP218K）

若葉台に7台、緑に10台配置された短尺エアロスターツーステップバス。リーフサスの機械式AT車である。1993年度車からボディがエアロスターM型、側窓が引き違い式になった。

3-2462（三菱ふそうU-MP218M）

本牧に5台配置された中間尺エアロスターツーステップバスのU車。リーフサスの機械式AT車である。こちらもボディがエアロスターM型となり、側窓が引き違い式に変更された。

3-2468（三菱ふそうU-MP618K改）

前年度に続いて1台導入された リフトつきのエアロスターツーステップバス。1993年度は短尺のエアロスターM型が若葉台に配置されたが、1999年の取材時には本牧で活躍していた。

港北に11台配置された短尺 キュービックツーステップバスのU-車。リーフサスの機械式AT車である。他メーカーの1993年度車と同じように、側窓が引き違い式に変更されている。

3-1403（いすゞU-LV324K）

3-1413（いすゞU-LR333F改）

1993年度に初めて登場した短尺ジャーニーKツーステップバスのU-車。前中折戸・逆T字型窓のIKCボディを持つMT車。保土ケ谷と鶴見に3台ずつ配置され、狭隘路線に運用された。

1994（平成6）年度の車両

　1994（平成6）年度も引き続きU-車が導入されている。路線バスは4メーカーの短尺大型車、いすゞ・三菱・日産ディーゼルの中間尺大型車、三菱の7m尺中型車を導入。三菱・日産ディーゼルのリフトつきバス、三菱の補助ステップつきワンステップバス、都市型超低床ワンステップバスが採用された。また三菱の蓄圧式ハイブリッドバスに加え、日産ディーゼルのCNGバスが初めて採用され、いすゞ車の一部にアイドリングストップ装置が装着された。特定バスとしていすゞの大型車、貸切バスとして日野セレガGDが新製されている。

4-4418（日産ディーゼルU-UA440HSN改）

1994年度に初めて1台採用された日産ディーゼルUAのCNGバス。短尺のMT車で、ABSが装着されている。床下にガスボンベを搭載したため、冷房がパッケージタイプになっていた。

4-4414（日産ディーゼルU-UA440HSN）

日産ディーゼルUAツーステップバスの車掌台がない短尺タイプは、港北ニュータウンに5台が配置された。機械式ATで、ABSが装着されており、スタイルは前年度車と同じである。

4-4246（日産ディーゼルU-UA440HSN）

日産ディーゼルUAツーステップバスの車掌台がある短尺タイプは、滝頭に一気に26台が新製配置された。機械式ATで、車掌台窓がないボディスタイルは前年度車と同じである。

日産ディーゼルUAツーステップバスの中間尺タイプは、磯子に一気に20台が新製配置された。こちらも機械式ATで、前中引戸・引き違い窓のスタイルは前年度車と同じである。

4-4428（日産ディーゼルU-UA440LSN改）

4-4255（日産ディーゼルU-UA440HAN改）

前年度に続いて1台採用されたリフトつきの日産ディーゼルUAツーステップバス。機械式AT車である。スタイルは前年度車と同じだが、滝頭に配置されたため短尺となっている。

4-2495（三菱ふそうU-MP628M改）

1994年度に初めて登場した都市型超低床バス。パワーラインを後部に集中させ、ワンステップで前扉555㎜、中扉575㎜の床面地上高を実現した車両。本牧に1台だけ配置された。

リヤ

4-2493（三菱ふそうU-MP218M）

1994年度は本牧に1台だけ配置された中間尺エアロスターツーステップバスのU-車。リーフサスの機械式AT車である。前年度車とともに、のちにDPF取り付け改造が行われた。

リヤ

4-2494（三菱ふそうU-MP618M改）

1994年度は中間尺で1台採用されたリフトつきのエアロスター。機械式AT車である。横浜市営バスのエアロスターM型はメーカー標準仕様と異なり、後面方向幕がリヤウィンド内に取り付けられていた。

4-2487（三菱ふそうU-MP218K改）

前年度に引き続き導入された補助ステップつきのエアロスターワンステップバス。リーフサスの機械式AT車で、中扉がグライドスライドドアとなっている。緑に1台配置された。

4-2488（三菱ふそうU-MP218K改）

前年度に続いて採用された蓄圧式ハイブリッドバス「MBECSⅠ」。若葉台と緑に1台ずつ配置された。なお、緑配置車は1994年度まで前面・後面の系統幕と行先幕が分割されていた。

4-2473（三菱ふそうU-MP218K）

1994年度は16台が導入された短尺エアロスターツーステップバスのU-車。リーフサスの機械式AT車。2470・2479～2486は1993年度車とともに、DPF取り付け改造が行われた。

4-2491（三菱ふそうU-MJ217F改）

1994年度に4台登場したエアロミディ MJ。7m尺・MTのツーステップバスである。初のミニバス路線として開設された308系統で、滝頭から転属した日デ車4329とともに使用された。

4-3530（日野U-HT2MLAA）

1994年度は保土ケ谷に8
台、浅間町に2台、港南と野
庭に3台ずつ配置された短尺
ブルーリボンHTツーステッ
プバスのU-車。機械式AT・
リーフサスで、前年度と同じ
スタイルである。

ブルーリボンHTツーステッ
プバスの1994年度車のう
ち、浅間町の3536・3537
はのちにDPF取り付け改造
が行われた。DPF取り付け
車は左側面と後面に新緑の
マークが貼付されていた。

4-3536（日野U-HT2MLAA）

4-3007（日野U-RU3FSAB）

1992年度に続き貸切バス
として2台導入されたセレ
ガGD。ホイールベースが
6200mmに短縮されたマイ
ナーチェンジモデル。乗客
定員は54人で、3007はの
ちに乗合予備に転用された。

1994年度は港北に12台配置された短尺キュービックツーステップバスのU-車。リーフサスの機械式AT車である。前年度車と同じ引き違い窓・ビルトインクーラーとなっている。

4-1420（いすゞ U-LV324K）

1992年度に続いて鶴見に3台配置された中間尺キュービックツーステップバスのU-車。リーフサスの機械式AT車で、アイドリングストップ＆スタート装置とABSが装着されていた。

4-1429（いすゞ U-LV324L）

特定バスとして1991年度に続いて1台導入されたホイールベース5200㎜のキュービックのU-車。中扉にリフトを装備する。1992年度車と異なるMT仕様で、ABSが装着されていた。

4-1105（いすゞ U-LV324M改）

1995（平成7）年度の車両

　1995（平成7）年度は「平成6年排出ガス規制」適合のKC-車の導入が開始された。路線バスは4メーカーの短尺大型車と三菱・日産ディーゼルの中間尺大型車を導入。ハイブリッドバスは三菱「MBECS II」に加え、いすゞ「CHASSE」が初めて採用された。リフトつきバスはいすゞ車と三菱車、補助ステップつきワンステップバスは日野車を新製。初登場となる中扉4枚折戸の都市低床バスが4メーカー揃って導入された。またミニバス路線が拡充され、日野リエッセを初めて採用。特定バスには日野と日産ディーゼルの大型車が導入された。

5-2526（三菱ふそうKC-MP217M）

U-車に続いて導入された中間尺エアロスターツーステップバスのKC-車。エンジンは6D24型、ホイールベースは5300㎜で、U-車と同じ機械式ATである。本牧に9台新製配置された。

5-2522（三菱ふそうKC-MP217M）

中間尺エアロスターツーステップバスのうち、2519・2522には一時期、試験的にLED表示器が装着されていた。現在の製品に比べ視認性は低かったものの、先進的な取り組みだった。

5-2528（三菱ふそうKC-MP217M改）

1995年度に初めて採用された都市低床型ツーステップバス。中扉には4枚折戸が採用され、MT仕様となっている。中間尺エアロスターは2528の1台のみで、本牧に配置されていた。

5-2518（三菱ふそうKC-MP237K）

1995年度に2台導入された蓄圧式ハイブリッドバス「MBECSⅡ」。U-車と異なり、ハイブリッドバス専用の型式となった。緑配置車は1995年度から系統・行先一体型表示幕となった。

5-2507（三菱ふそうKC-MP217K改）

1995年度に初めて採用された短尺エアロスターの都市低床型ツーステップバス。前中4枚折戸・引き違い窓のMBMボディを持つMT車である。2507が若葉台、2517が緑に配置された。

5-2499（三菱ふそうKC-MP217K）

U-車に続いて導入された短尺エアロスターツーステップバスのKC-車。ホイールベースは4800㎜で、U-車と同じ機械式AT車。2496～2506が若葉台、2509～2516が緑に配置された。

5-3567（日野KC-RX4JFAA）

1995年度に初めて登場した小型バスのリエッセ。エンジンJ05C型、ホイールベース3550㎜のトルコンAT車である。保土ケ谷ではミニバス路線、滝頭では狭隘路線に使用された。

5-3572（日野KC-HT2MLCA）

U-車に続いて導入された短尺ブルーリボンHTツーステップバスのKC-車。エンジンM10U型、ホイールベース4800mmの機械式AT車で、前照灯が角形になった。計11台新製されている。

前年度に引き続き採用された補助ステップつきのワンステップバス。前年度までは三菱製だったが、1995年度は日野製となった。リーフサスの機械式AT車で、港南に配置された。

5-3571（日野KC-HT2MLCA改）

5-3570（日野KC-HT2MLCA改）

初めて採用された短尺ブルーリボンHTの都市低床型ツーステップバス。前中4枚折戸・引き違い窓の日野ボディを持つMT車。保土ケ谷・浅間町・港南・野庭に1台ずつ配置された。

5-3106（日野KC-HT2MMCA改）

スクールバス用の特定車として1台新製された中間尺ブルーリボンHTツーステップバスのKC-車。ホイールベースは5200mmで、中扉にリフトを装備。ABSが装着されたMT車である。

5-4107（日産ディーゼルKC-UA460LSN改）

同じくスクールバス用の特定車で、中間尺の日産ディーゼルUAのKC-車。ホイールベースは5240mmで、中扉にリフトを装備。ABSが装着されたMT車である。磯子に1台が配置された。

5-4441（日産ディーゼルKC-UA460HSN）

U-車に続いて導入された短尺の日産ディーゼルUAのKC-車。エンジンPG6型、ホイールベース4720mmの機械式AT車。港北ニュータウンに配置された4439〜4441はABSが装着された。

5-4443（日産ディーゼルKC-UA460HSN）

初めて採用された短尺の日産ディーゼルUAの都市低床型ツーステップバス。前中4枚折戸の富士7Eボディを持つMT車である。4443・4462の2台が新製され、4443はABSが装着された。

5-4446（日産ディーゼルKC-UA460LSN）

U-車に続いて導入された中間尺の日産ディーゼルUAのKC-車。ホイールベースは5240㎜。U-車と同じ機械式AT車で、ボディスタイルもU-車と同じである。磯子に7台配置されていた。

5-4452（日産ディーゼルKC-UA460LSN）

1995年度に初めて登場した中間尺の日産ディーゼルUAの都市低床型ツーステップバス。前中4枚折戸・引き違い窓の富士7Eボディを持つMT車である。磯子に1台だけ配置されていた。

5-4453（日産ディーゼルKC-UA460LAN改）

前年度に続いて採用されたリフトつきの日産ディーゼルUA。1995年度は中間尺のKC-車1台が磯子に配置された。ニーリング機構つきのエアサス仕様で、機械式AT車となっている。

5-1444（いすゞKC-LV280N）

1992年度に続いて2台導入されたリフトつきのキュービック。初めてのKC-車で、鶴見に配置されたため中間尺となった。ニーリングつきのエアサス仕様で、機械式AT車となっている。

5-1440（いすゞ KC-LV280L改）

初めて登場した蓄圧式ハイブリッドバス「CHASSE」。エアサス仕様のMT車で、エンジンを油圧でサポート。港北に1台配置されたが、のちにハイブリッドシステムを撤去して使用された。

5-1441（いすゞ KC-LV380N）

1995年度に初めて登場した中間尺キュービックの都市低床型ツーステップバス。前中4枚折戸・引き違い窓のいすゞボディを持つMT車である。ABSが装着され、鶴見に2台配置された。

5-1439（いすゞ KC-LV380N）

同じく1995年度に初めて導入された短尺キュービックの都市低床型ツーステップバス。前中4枚折戸・引き違い窓のいすゞボディを持つMT車である。港北に1台だけ配置されていた。

5-1435（いすゞ KC-LV380L）

U-車に続いて導入された短尺キュービックのKC-車。エンジン8PE1型、ホイールベース4800㎜の機械式AT車で、側面方向幕下の窓が開閉式に変更された。港北に8台が配置された。

1996(平成8)年度の車両

　1996(平成8)年度も引き続きKC-車が増備されたが、路線バスの標準仕様が前中4枚折戸・黒枠逆T字型窓のワンステップバスに変更された。また長年採用されてきた機械式ATに代わり、大型がMT、中型がトルコンATとなっている。いすゞ・日野の短尺大型車に加え、日産ディーゼルの中型ロングタイプを初めて採用。いすゞ・日産ディーゼルの中型車も新製された。また三菱・日野・日産ディーゼルのリフトつきバス、日産ディーゼルのCNGバスも増備された。特定バスには日野の大型車と日産ディーゼルの中型車が導入されている。

6-3581(日野KC-HU2MLCA改)

1999年に「よこはま動物園ズーラシア」が旭区に開園。5系統と136系統が乗り入れた。所管する保土ケ谷の6-3581に動物たちのラッピングが施され、これらの系統に運用された。

6-3604(日野KC-HU2MLCA改)

初めて登場した短尺ブルーリボンHUワンステップバス。前扉に補助ステップ、中扉にスロープ板を装備するエアサス車。1996年度からボディカラーのデザインが変更されている。

6-3107(日野KC-HT2MMCA)

特定車として前年度に引き続き採用された中間尺ブルーリボンHTツーステップバスのKC-車。中扉にリフトを装備し、ABSが装着されているMT車である。浅間町に1台配置された。

6-3586（日野KC-HU2MLCA改）

1993年度に続いて採用されたリフトつきのブルーリボン。一般路線車に合わせ、エアサス・黒枠逆T字型窓・前扉補助ステップつきのMT車となった。保土ケ谷に2台が配置された。

前年度に引き続き導入されたリフトつきの日産ディーゼルUA。一般路線車に合わせ、エアサス・黒枠逆T字型窓・前扉補助ステップつきのMT車となった。磯子に1台が配置された。

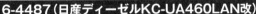

6-4487（日産ディーゼルKC-UA460LAN改）

6-4495（日産ディーゼルNE-UA4E0HAN改）

1994年度に続いて滝頭に10台配置された日産ディーゼルUAのCNGバス。エンジンはCNG専用のPU6型、ホイールベースは4720mmで、前扉補助ステップつきのツーステップバスである。

6-4474（日産ディーゼルKC-JP252NTN）

中型ロングのワンステップバスで、横浜市営バス初の西工ボディを架装。エンジンはFE6型、ホイールベースは5560mmで、前扉に補助ステップ、中扉にスロープ板を装備していた。

6-4469（日産ディーゼルKC-JP252NTN改）

上記と同型式であるが、こちらは富士ボディで、ホイールベースが5160mmに短縮された改造型式。西工車は磯子に15台、富士車は港北ニュータウンに9台、滝頭に4台配置された。

6-4503（日産ディーゼルKC-RM211GSN改）

1996年度に初めて2台導入されたRMワンステップバス。トルコンAT車で、エンジンはFE6E型、ホイールベースは4280mm。前扉に補助ステップ、中扉にスロープ板を装備していた。

6-4108（日産ディーゼルKC-RM211GSN改）

左記の路線車と同型式の中型特定車。スクールバス初のワンステップバスとなり、リフトではなくスロープ板を装備していた。側窓がT字型である点が路線車との相違点である。

6-2529（三菱ふそうKC-MP717M改）

横浜市営バス初のニューエアロスターはリフトつきで登場。前中折戸・逆T字型窓で、前扉に補助ステップ、中扉にリフトを装備。エアサス仕様のMT車で、本牧に1台配置された。

初めて採用されたキュービックワンステップバスで、他メーカーの大型と異なりリーフサス仕様。前扉に補助ステップ、中扉にリフトを装備し、1450・1451にはABSが装着された。

6-1451（いすゞKC-LV380L改）

6-1452（いすゞKC-LR333J改）

1996年度に1台だけ新製されたジャーニーKワンステップバス。トルコンAT車で、エンジンは6HH1型、ホイールベースは4400mm。前扉に補助ステップ、中扉にスロープ板を装備する。

1997(平成9)年度の車両

　1997(平成9)年度も引き続きKC-車が導入されている。大型路線車に初めて4メーカーのノンステップバスが揃って登場。いすゞ・日野・日産ディーゼル製はトルコンAT車となった。ワンステップバスはいすゞ・三菱製を導入。いすゞ製には富士ボディが架装され、首都高速(横浜ベイブリッジ)走行用の長尺ツーステップバスも採用された。2月にCNG充填施設が完成した滝頭営業所に日産ディーゼル製のCNGバスを増備。いすゞ・三菱製の中型車、日野製の小型車も導入された。特定車は日産ディーゼル製の大型が新製されている。

7-3609(日野HU2PM)

1997年度に初めて1台採用されたブルーリボンHUノンステップバス。エンジンはP11C型、ホイールベースは5110mm。ZF製のトルコンAT車で、中扉に電動スロープ板を装備している。

7-3607(日野KC-RX4JFAA)

1995年度に続いて導入されたリエッセ。前中折戸・黒枠引き違い窓で、1995年度車と同じ小型車オリジナルカラーをまとっている。保土ケ谷で2台がミニバス路線に使用された。

7-1469(いすゞ KC-LR333J改)

前年度に続いて増備されたLRワンステップバスだが、1997年度車には富士ボディを架装。AGMA製のトルコンAT車で、中扉にスロープ板を装備。港北に4台、鶴見に2台配置された。

7-1470（いすゞ LV832N）

初めて登場したキュービックノンステップバス。エンジンは6HE1型、ホイールベースは5300㎜。ZF製のトルコンAT車で、中扉に電動スロープ板を装備。鶴見に1台配置されていた。

リヤ

7-1476（いすゞ KC-LV380L改）

前年度に引き続き増備されたLVワンステップバスだが、1997年度車には富士7E型ボディが架装された。リーフサス仕様のMT車である。港北に5台、鶴見に16台が新製配置された。

車内

7-1461（いすゞ KC-LV280Q）

1997年度に6台新製された長尺ツーステップバス。ABSが装着されたエアサス車で、車内には2人掛けハイバックシートを配置。鶴見に新製配置され、109系統を中心に使用された。

7-4504（日産ディーゼルKC-UA460KAM）

初めて登場したUAノンステップバス。エンジンはPG6型、ホイールベースは4800mmで、最初期型ボディの中扉に電動スロープ板を装備。ZF製のトルコンAT車が磯子に1台配置された。

リヤ

リヤ

7-4512（日産ディーゼルNE-UA4E0HAN改）

前年度に続いて滝頭に10台配置されたUAのCNGツーステップバス。前扉に補助ステップを装備する。床下にボンベがあるため、富士重工製のパッケージタイプの冷房が搭載された。

7-2565（三菱ふそうKC-MP747M）

1997年度に6台採用されたエアロスターノンステップバス。エンジンは6D24型、ホイールベースは5300mmで、他のメーカーとは異なるMT車。中扉に電動スロープ板を装備していた。

7-2548（三菱ふそうKC-MP717M）

前年度に続いて導入された中間尺のニューエアロスターだが、1997年度車はワンステップバスとなった。エアサスのMT車で、中扉にスロープ板を装備。本牧に5台が配置された。

7-2541（三菱ふそうKC-MP717K）

初めて導入された短尺のニューエアロスターワンステップバス。エンジンは6D24型、ホイールベースは4800mmで、中扉にスロープ板を装備。若葉台に15台、緑に7台配置された。

7-4109（日産ディーゼルKC-UA460LAN改）

特定車として新製されたUAツーステップバス。ABSが装着されたMT車で、中扉にリフトを装備。特定車では初めてエアサスが採用されている。港北ニュータウンに1台配置された。

7-2561（三菱ふそうKC-MK219J改）

1997年度に初めて導入されたエアロミディMKワンステップバス。エンジンは6D17型、ホイールベースは4390mmのトルコンAT車。リーフサス仕様である。緑に4台配置されていた。

1998(平成10)年度の車両

　1998(平成10)年度も引き続きKC-車が導入されている。大型路線車ではいすゞ・日野・三菱のノンステップバスを導入。いすゞ・日野・三菱のワンステップバスも増備され、いすゞ製がリーフサスからエアサスに変更された。蓄圧式ハイブリッドバスは三菱の「MBECSⅢ」、日産ディーゼルの「ERIP」を採用。いすゞのEGR/DPF装着車、日産ディーゼルのCNGバスも導入されている。中型路線車には4メーカーのワンステップバスが揃って登場。小型の日野リエッセも増備された。特定車には中扉にリフトをつけたリエッセが加わっている。

8-1497(いすゞ KC-LV280L改)

1998年度に新製されたキュービックのうち、港北の1497・1498には排気ガスの一部をエンジンに取り込み再循環させるEGR/DPFを装着。マフラーが2本出ている外観が特徴だった。

8-1503(いすゞ KC-LV280L改)

引き続き導入されたLVワンステップバス。1998年度車からエアサスとなり、ボディがいすゞ製に戻された。港北に9台、鶴見に8台配置され、鶴見の1500～1504にはABSが装着されていた。

8-1507 (いすゞ KC-LV832N)

前年度に続いて採用された
キュービックノンステップ
バス。ZF製のトルコンAT車
で、中扉に電動スロープ板を
装備。冷房はゼクセル製で
ある。港北と鶴見に2台ずつ
配置された。

前年度に引き続き導入され
たLRワンステップバスで、
ボディがいすゞ製に戻され
ている。AGMA製のトルコン
AT車で、中扉にスロープ
板を装備する。鶴見に1台だ
け配置された。

8-1508 (いすゞ KC-LR333J改)

8-4521 (日産ディーゼルKC-RM211GSN改)

1996年度に続いて増備され
た日産ディーゼルRMワンス
テップバス。AGMA製のトル
コンAT車で、スロープ板
を装備。冷房は富士重工製
である。港北ニュータウン
に3台配置された。

8-4516（日産ディーゼルKC-UA460HAN改）

1998年度に初めて登場した日産ディーゼルUAの蓄圧式ハイブリッドバス「ERIP」。床下にハイブリッドシステムがあるためツーステップである。港北ニュータウンに2台配置された。

リヤ

8-4517（日産ディーゼルKC-UA460LAN改）

同じく蓄圧式ハイブリッドバス「ERIP」だが、磯子配置の4517・4518はホイールベース5240mmの中間尺車。なお、KC-車はメーカーを問わず角形ブレーキランプが採用されていた。

リヤ

8-4520（日産ディーゼルNE-UA4E0HAN改）

前年度に引き続き滝頭に2台配置されたUAのCNGツーステップバスである。写真は2006年夏の取材時に撮影したもので、2009年の開港150周年に向けたラッピングが施されていた。

8-3610（日野KC-HU2MLCA改）

1996年度に続いて導入された短尺ブルーリボンHUワンステップバス。中扉にスロープ板を装備し、車外スピーカーが角形に変更された。浅間町・港南・野庭に計20台配置された。

8-3640（日野KC-HU2PMCE）

前年度に続いて採用されたHUノンステップバス。ZF製のトルコンAT車で、中扉に電動スロープ板を装備。冷房はデンソー製である。保土ケ谷・浅間町・港南に計7台配置された。

8-3636（日野KC-RX4JFAA）

前年度に引き続き増備された小型バスのリエッセ。前中折戸・黒枠引き違い窓・エアサス仕様のトルコンAT車である。1998年度の新車は1台で、保土ケ谷のミニバス路線で活躍した。

8-3108（日野KC-RX4JFA改）

特定車として保土ケ谷に2台が新製配置されたリエッセ。中扉を前寄りに設置してグライドスライドドアとし、リフトを装着したため改造型式となっている。トルコンAT車である。

8-3635（日野KC-RJ1JJCK）

1998年度に初めて登場したレインボーRJワンステップバス。エンジンJ08C、ホイールベース4490㎜のトルコンAT車。中扉にスロープ板を装備している。保土ケ谷で3台が活躍した。

8-2587（三菱ふそうKC-MK219J改）

前年度に引き続き増備されたエアロミディMKワンステップバス。AGMA製のトルコンAT車で、中扉にスロープ板を装備。冷房は三菱製である。3台が緑所管の狭隘路線で活躍した。

8-2580（三菱ふそうKL-MP737K）

1998年度に初めて2台登場したエアロスターの蓄圧式ハイブリッドバス「MBECSⅢ」。床下にハイブリッドシステムがあるため前扉がワンステップ、中扉がツーステップであった。

8-2584（三菱ふそうKL-MP737M）

同じく蓄圧式ハイブリッドバス「MBECSⅢ」だが、本牧配置の2583・2584はホイールベース5300㎜の中間尺車。なお、「MBECSⅢ」は「平成11年排出ガス規制」適合のKL-車である。

8-2579（三菱ふそうKC-MP717K）

1998年度車のエアロスターのうち、若葉台の2579には動物たちのラッピングが施され、1999年に開園した「よこはま動物園ズーラシア」に発着する5系統を中心に使用されていた。

8-2570（三菱ふそうKC-MP717K）

引き続き導入された短尺エアロスターワンステップバス。中扉にスロープ板を装備。車外スピーカーは前年度末の1998年式から角形になった。若葉台に4台、緑に2台配置された。

8-2574（三菱ふそうKC-MP717M）

前年度に続いて新製された中間尺エアロスターワンステップバスのKC-車。中扉にスロープ板を装備し、車外スピーカーが角形に変更されている。5台が本牧の所管路線で活躍した。

8-2589（三菱ふそうKC-MP747M）

前年度に続いて採用されたエアロスターノンステップバス。中扉に電動スロープ板を装備するMT車。車外スピーカーが角形に変更されている。3台が本牧の所管路線で活躍した。

1999（平成11）年度の車両

　1999（平成11）年度もKC-車の増備が続けられたが、中型・小型で「平成10年排出ガス規制」適合のKK-車の導入が開始された。大型ノンステップバスは4メーカーのディーゼル車に加え、いすゞのCNG車が初めて採用された。大型ワンステップバスはいすゞ・日野・三菱製を導入。三菱のハイブリッドバス「MBECSⅢ」、日産ディールのCNGバスも増備された。中型ワンステップバスは4メーカーが揃って就役。小型の日野リエッセは一部がリフトつきで採用された。特定バスはいすゞの大型と日産ディーゼルの中型が導入されている。

9-1531（いすゞ KC-LV832L改）

初めて5台採用されたキュービックのCNGノンステップバス。エンジン6HA1型、ホイールベース4800mmのトルコンAT車。新塗色が採用され、のちに環境PRのラッピングが施された。

9-1529（いすゞ KC-LV832L）

前年度に引き続き2台導入されたキュービックノンステップバス。1999年度車はホイールベース4800mmの短尺タイプとなり、中扉が引戸に、スロープ板が手動式に変更された。

9-1514（いすゞ KC-LV280L改）

前年度に続いて11台増備された短尺キュービックワンステップバスのKC-車。4枚折戸の中扉にスロープ板を装備しているが、1999年度車は前扉の補助ステップが廃止された。

特定車として新製されたキュービックツーステップバスのKC-車。ABSつきのMT車で、DPFを装着。前扉に補助ステップ、中扉にリフトを装備している。緑に1台が新製配置された。

9-1106（いすゞ KC-LV280N改）

9-1510（いすゞ KK-LR233J1）

1999年度に初めて登場したエルガミオワンステップバス。エンジンは6HH1型、ホイールベースは4400㎜で、アイシン製トルコンATを装備。港北に5台、鶴見に3台新製配置された。

61

9-3655（日野KK-RJ1JJHK）

初めて導入されたレインボーRJワンステップバスのKK-車。エンジンは
J08C型、ホイールベースは4490mmで、アイシン製のトルコンATを装備。
保土ケ谷に11台が一気に配置された。

9-3691（日野KC-HU2PMCE）

前年度に引き続き採用されたブルーリボンHUノンステップバス。ZF製
のトルコンAT車。1999年度車は中扉が引戸に、スロープ板が手動式に
変更されている。野庭に2台新製配置された。

9-3688（日野KK-RX4JFEA）

1999年度に初めて導入されたリエッセのKK-車。エンジンJ05C型、ホイールベース3550mmのトルコンAT車で、ABSが装着された。保土ケ谷のミニバス路線で4台が活躍していた。

9-3643（日野KC-RX4JFAA）

前年度に続いて導入されたリエッセのKC-車だが、1999年度車は中扉を広幅のグライドスライドドアとし、リフトを装備して新製された。滝頭の狭隘路線で2台が使用されていた。

9-3658（日野KC-HU2MLCA）

前年度に続いて30台増備された短尺ブルーリボンHUワンステップバスのKC-車。1999年度車は前扉の補助ステップが廃止され、デンソー製の冷房がパッケージタイプに変更された。

9-4530（日産ディーゼルNE-UA4E0HAN改）

前年度に引き続き導入された日産ディーゼルUAのCNGツーステップバス。前中4枚折戸・逆T字型窓のMT車で、スタイルは前年度車と変わっていない。滝頭に5台が新製配置された。

9-4534（日産ディーゼルKC-UA460HAN改）

1999年度に初めて3台新製された西工ボディのノンステップバス。ワンステップバスを前中扉間ノンステップに改造したもので、のちのノンステップバスGタイプのベースになった。

9-2620（三菱ふそうKC-MP747M）

前年度に続いて採用されたエアロスターノンステップバス。冷房は三菱製のパッケージタイプ。1999年度車は中扉を引戸、スロープ板を手動式に変更。木牧に2台が配置された。

9-2610(三菱ふそうKC-MP717M)

前年度に引き続き9台増備された中間尺エアロスターワンステップバスのKC-車。4枚折戸の中扉にスロープ板を装備しているが、1999年度車は前扉の補助ステップが廃止された。

同じく前年度に続いて8台導入された短尺エアロスターワンステップバスのKC-車。こちらも中扉にスロープ板を装備しているが、1999年度車は前扉の補助ステップが廃止された。

9-2601(三菱ふそうKC-MP717K)

9-2607(三菱ふそうKL-MP737K)

前年度に続いて5台採用された蓄圧式ハイブリッドバス「MBECSⅢ」。前扉がワンステップ、中扉がツーステップとなっており、1999年度車は前扉の補助ステップが廃止されている。

9-2596（三菱ふそうKK-MK23HH）

初めて登場したエアロミディMKワンステップバスのKK-車。エンジンは6M61型、ホイールベースは4375mmで、アイシン製トルコンATを装備。7台が緑の狭隘路線に運用されていた。

初めて登場したRMワンステップバスのKK-車。エンジンFE6F型、ホイールベース4280mmのAT車で、ABSを装着。冷房はビルトインタイプである。港北ニュータウンに4台配置された。

9-4525（日産ディーゼルKK-RM252GAN改）

9-4101（日産ディーゼルKC-RM211GAN改）

1996年度に続いて滝頭に1台配置された特定車のRMワンステップバスのKC-車。前扉に補助ステップ、中扉にスロープ板を装備しており、1999年度車はエアサス仕様に変更された。

2000(平成12)年度の車両

　2000(平成12)年度は大型ディーゼル車で「平成11年排出ガス規制」適合のKL-車の導入を開始。前面に"Y"字の塗り分けが復活した。路線バスの標準仕様をワンステップバスからノンステップバスへと変更。いすゞの短尺車が前中扉間ノンステップで、日野の中間尺車がフルフラットで新製された。日産ディーゼルのCNGノンステップバスも、短尺の前中扉間ノンステップで導入されている。三菱の蓄圧式ハイブリッドバス「MBECSⅢ」は、短尺・中間尺の双方を増備。多客路線用として日野の長尺ワンステップバスが投入されている。

0-2627(三菱ふそうKL-MP737K)

前年度に続いて採用された短尺の蓄圧式ハイブリッドバス「MBECSⅢ」。前扉がワンステップ、中扉がツーステップという形状が踏襲されている。若葉台と緑に3台ずつ配置された。

0-2622(三菱ふそうKL-MP737M)

2年ぶりに新製された中間尺の蓄圧式ハイブリッドバス「MBECSⅢ」。本牧に2台が配置された。なお、2000年度は三菱製のワンステップバス・ノンステップバスは登場しなかった。

リヤ

0-1551（いすゞ KL-LV280L1改）

2000年度に初めて17台導入されたエルガノンステップバス。前中扉間ノンステップでMTのtype-Aを選択。エンジンは8PE1型、ホイールベースは4800mmで、EGRが装着されていた。

0-4536（日産ディーゼルKL-UA452KAN改）

初めて採用されたUAのCNGノンステップバス。前中扉間ノンステップでMTのGタイプで、エンジンはPU6型、ホイールベースは4800mm。ABSが装着され、滝頭に2台新製配置された。

0-3695（日野KL-HU2PREA改）

ラッシュ対策として野庭に10台配置された長尺ワンステップバス。エンジンはP11C型、ホイールベースは5915mmで、ABSとEGRを装備していた。野庭の閉所後は他の営業所に転属した。

0-3722（日野KL-HU2PMEE）

初めて登場したブルーリボンシティノンステップバス。エンジンはP11C型、ホイールベースは5110mmで、ABSとEGRを装備していた。保土ケ谷・浅間町・港南・野庭に計27台が配置された。

2001(平成13)年度の車両

　2001(平成13)年度は「平成11年排出ガス規制」適合で大型のKL-車のみが導入されている。いすゞ製は短尺エルガノンステップバスtype-AのCNG車が港北に5台配置された。三菱製はエアロスターノンステップバスの短尺車が若葉台・緑に計10台、中間尺車が本牧に4台配置された。日野製は中間尺ブルーリボンシティHUノンステップバスが保土ケ谷・浅間町・港南・野庭に計9台配置された。日産ディーゼル製はUAノンステップバスGタイプの短尺車が港北ニュータウンに5台、中間尺車が磯子に2台、短尺のCNG車が滝頭に5台配置された。

1-4544（日産ディーゼルKL-UA452MAN改）

2001年度に初めて登場した中間尺UAノンステップバスのKL-車。エンジンはPF6H型、ホイールベースは5300mmで、富士ボディ・MT仕様のGタイプである。ABSとEGRが装着されている。

1-4543（日産ディーゼルKL-UA452KAN改）

こちらは短尺UAノンステップバスのKL-車で、ディーゼルエンジン搭載車は2001年度が初登場となっている。富士ボディが架装され、MT仕様のGタイプ。ABSとEGRが装着されていた。

前年度に続いて採用された
短尺UAノンステップバスの
CNG車。富士ボディ・MT
のGタイプで、ABSを装備。
CNG車は2002年に新製さ
れ、このグループから中扉下
部の窓が廃止された。

1-4548（日産ディーゼルKL-UA452KAN改）

2001年度に初めて登場し
たエアロスターノンステッ
プバスのKL-車。エンジン
は6M70型で、中間尺車のホ
イールベースは5300㎜と
なっている。MT車であり、
EGRが装着されていた。

1-2639（三菱KL-MP37JM）

こちらも初登場となる短尺
エアロスターノンステップ
バスのKL-車。ホイールベー
スは4800㎜となっている。
三菱製の冷房ユニットが、
KC-車よりコンパクトなも
のに変更された。

1-2634（三菱KL-MP37JK）

リヤ

1-1555（いすゞ KL-LV280L1改）

初めて採用されたエルガノンステップバスのCNG車。エンジンは8PF1型、ホイールベースは短尺の4800㎜。ABSが装着されている。2002年に新製され、中扉下部の窓が廃止された。

1-3736（日野KL-HU2PMEE）

前年度に引き続き導入された中間尺ブルーリボンシティ HUノンステップバスのKL-車。日野のノンステップバスのみトルコンAT車の採用が続けられていた。またABSとEGRが装着されていた。

2002（平成14）年度の車両

　2002（平成14）年度は「平成11年排出ガス規制」適合で大型のKL-車、「平成10年排出ガス規制」適合で中型のKK-車が導入されている。いすゞ製はエルガノンステップバスtype-Aの中間尺車が鶴見に4台、短尺のCNG車が港北に10台配置された。三菱製はエアロスターノンステップバスの短尺車が若葉台・緑に計11台、中間尺車が本牧に4台配置された。日野製は中間尺ブルーリボンシティ HUノンステップバスが保土ケ谷・港南に計9台、レインボー HRの7m尺車が滝頭に2台配置された。なお、2003年2月には港北にCNGの充填施設が完成している。

2-1561（いすゞ KL-LV280L1改）

前年度に続いて採用された短尺エルガノンステップバスのCNG車。MT仕様で前中扉間がノンステップのtype-Aである。2002年度の新車は前後面・側面の表示器がLEDになっている。

2-1570（いすゞ KL-LV280N1改）

1998年度以来となるいすゞの中間尺ノンステップバス。エルガとしては初登場で、ホイールベースは5300mm。前後面・側面の表示器がLEDとなり、中扉下部の窓が廃止されている。

2-2645（三菱KL-MP37JM）

前年度に引き続き導入された中間尺エアロスターノンステップバスのKL-車。EGRが装着されているMT車である。前後面・側面の表示器がLEDとなり、中扉下部の窓が廃止された。

2-2651（三菱KL-MP37JK）

こちらも前年度に続いて増備された短尺エアロスターノンステップバスのKL-車。EGRが装着されているMT車。前後面・側面の表示器がLEDとなり、中扉下部の窓が廃止されている。

2-3748（日野KL-HU2PMEE）

引き続き増備された中間尺ブルーリボンシティHUノンステップバスの
KL-車。ABSとEGRが装着されている。冷房ユニットの形状が変わり、
表示器がLEDとなり、中扉下部の窓が廃止された。

リヤ

2-3738（日野KK-HR1JEEE）

初めて採用されたレインボーHRの7m尺車。エンジンはJ08C型、ホイールベースは3350mm。ABSとEGRを装備する。滝頭に新
製配置されたが、のちに磯子→若葉台→緑と転属した。

2003（平成15）年度の車両

　2003（平成15）年度も「平成11年排出ガス規制」適合で大型のKL-車、「平成10年排出ガス規制」適合で中型のKK-車が導入された。いすゞ製はエルガノンステップバスtype-Aの短尺車と短尺のCNG車を採用。三菱製はエアロスターノンステップバスの短尺車と中間尺車が増備された。日野製はレインボーHRの7m尺車に加え、フロントエンジンの小型ノンステップバス・初代ポンチョが初めて登場。日産ディーゼル製はボディが富士から西工に変わり、ノンステップの短尺車・中間尺車、ワンステップの短尺車・中間尺車が新製された。

3-4570（日産ディーゼルKL-UA452MAN改）

2001年度に続いて採用された中間尺UAノンステップバスのKL-車。2003年度車は西工ボディが架装されたが、引き続きABSとEGRが装着されている。磯子に12台が新製配置された。

3-4578（日産ディーゼルKL-UA452MAN）

2003年度に初めて登場したUAワンステップバスのKL-車。西工ボディが架装され、中扉に4枚折戸が採用された。ABSとEGRを装備。4576〜4579は中間尺で、磯子に配置されていた。

リヤ

3-4584（日産ディーゼルKL-UA452KAN改）

2001年度に続いて導入された短尺UAノンステップバスのKL-車。ボディが西工製、冷房がデンソー製となり、ABSとEGRを装備。滝頭に8台、港北ニュータウンに14台が配置された。

3-4596（日産ディーゼルKL-UA452KAN）

2003年度に初めて採用された短尺UAワンステップバスのKL-車。前中4枚折戸の西工ボディで、ABSとEGRを装備。4560～4563が滝頭、4594～4599が港北ニュータウンに配置された。

3-1579（いすゞ KL-LV280L1改）

前年度に引き続き増備された短尺エルガノンステップバスのCNG車。MT仕様で前中扉間がノンステップのtype-Aで、冷房はサーモキング製。1578〜1587が港北に新製配置された。

前年度に続いて導入されたエルガノンステップバスのKL-車。ただし2003年度車は2000年度車と同型の短尺タイプに戻っている。MT仕様のtype-Aで、鶴見に5台が新製配置された。

3-1576（いすゞ KL-LV280L1改）

3-2665（三菱ふそうKL-MP37JM）

前年度に続いて増備された中間尺エアロスターノンステップバスのKL-車。EGRが装着されたMT車で、2003年度車は高出力エンジンとなった。2664〜2666が本牧に配置されていた。

3-2661（三菱ふそうKL-MP37JK）

同じく前年度に引き続き導入された短尺エアロスターノンステップバスのKL-車。EGRが装着されたMT車で、高出力エンジンを搭載。2660～2662が緑、2663が若葉台に配置された。

前年度に続いて採用されたレインボーHRの7m尺車。MT仕様のノンステップバス。浅間町・港北ニュータウン・鶴見に計10台配置され、ミニバス路線のバリアフリー化に貢献した。

3-3751（日野KK-HR1JEEE）

3-5301（日野PONCHO）

プジョー製のエンジンが搭載されたホイールベース3700㎜の小型ノンステップバス。ボディはトヨタテクノクラフトが架装した。3台が西区の「ハマちゃんバス」に使用された。

2004（平成16）年度の車両

　横浜市営バスは2003年度まで営業所ごとにメーカーを統一してきたが、2004年度から入札による車両購入に変更したため、各営業所に同じメーカーの車両を配置するようになった。2004年度のディーゼル車は「平成16年排出ガス規制」適合型式となり、大型はいすゞエルガのPJ-車、小型は日野リエッセのPB-車が選択された。3月に運行開始した観光スポット周遊バス「あかいくつ」用として、レトロ調に装飾した日野レインボーHRの9m尺のPB-車が採用された。CNGバスは引き続きKL-車で、いすゞエルガと日産ディーゼルUAが導入されている。

4-3773（日野PB-HR7JHAE）

観光スポット周遊バス「あかいくつ」の専用車。エンジンJ07E型、ホイールベース4240mmのレインボーHRの外装を古い路面電車風、内装を赤レンガ倉庫風に装飾した。5台新製されている。

リヤ

4-3764（日野PB-RX6JFAA）

初めて採用されたリエッセのPB-車。エンジンJ05D型、ホイールベース3550mmのトルコンAT車で、ABSとEGRが装着され、中扉にはリフトを装備。保土ケ谷・本牧に計11台配置された。

車内

初めて登場したエルガノンステップバスのPJ-車。エンジン6HK1型、ホイールベース4800㎜のMT車で、冷房はデンソー製。若葉台・緑・浅間町・港南・野庭に計34台が配置された。

4-1614（いすゞ PJ-LV234L1）

CNG車はディーゼル車とは別に落札され、いすゞ製と日産ディーゼル製が採用された。エルガノンステップバスは前年度と同じ短尺車で、1588〜1595が港北に新製配置されている。

4-1589（いすゞ KL-LV280L1改）

エルガとともに導入されたUAノンステップバス。ABSが装着されたMT車で、CNG車では唯一の西工ホディを持つ。冷房はデンソー製である。4600・4601が滝頭に新製配置された。

4-4600（日産ディーゼルKL-UA452KAN改）

2005（平成17）年度の車両

　2005（平成17）年度は「平成16年排出ガス規制」適合型式が導入され、すべて日野車に統一されている。一般路線車はブルーリボンⅡノンステップバスのPJ-車を採用。いすゞエルガとの統合モデルで、スタイルは前年度のエルガと同一である。保土ケ谷・若葉台・浅間町・本牧・緑に配置された。低公害車はこれまでのCNGバスに変わり、ブルーリボンシティHUハイブリッドノンステップバスのACG-車を初めて導入。保土ケ谷・浅間町に配置された。ミニバスはリエッセのPB-車を中扉リフトつきで新製。滝頭・本牧に配置された。

5-3782（日野ACG-HU8JLFP）

2005年度に初めて登場した日野ブルーリボンシティHUハイブリッド。ホイールベース4800㎜の短尺車で、J08E型エンジンをモーターがアシスト。保土ケ谷に4台、浅間町に5台配置された。

5-3803（日野PJ-KV234L1）

2005年度に初めて採用された短尺ブルーリボンⅡノンステップバスのPJ-車。いすゞエルガとの統合モデルであり、外観は前年度の車両と同一である。計40台が新製されている。

5-3828（日野PB-RX6JFAA）

前年度に引き続き導入されたリエッセのPB-車。トルコンAT車で、グライドスライドドアの中扉にリフトを装備する。滝頭に3台、本牧に4台が配置され、ミニバス路線で活躍した。

2006（平成18）年度の車両

　2006（平成18）年度も引き続き「平成16年排出ガス規制」適合型式が導入され、すべて日野車に統一されている。一般路線車はブルーリボンⅡノンステップバスを増備。2004年度のエルガ、前年度のブルーリボンⅡと合わせ、同型ボディが一大勢力となった。低公害車はブルーリボンシティHUハイブリッドノンステップバスを導入。こちらも前年度に続いての選択となっている。なお、3月には野庭営業所が閉所され、16年の歴史の幕を下ろした。所管路線は港南営業所に引き継がれたほか、一部が神奈川中央交通に移管されている。

6-3850（日野PJ-KV234L1）

引き続き採用された短尺ブルーリボンⅡノンステップバスのPJ-車。室内レイアウトは都市型。保土ケ谷・若葉台・緑・港北ニュータウン・港北・本牧に計40台が新製配置された。

リヤ

6-3777（日野ACG-HU8JLFP）

こちらも前年度に続いて導入された短尺ブルーリボンシティHUハイブリッドのACG-車である。保土ケ谷に6台、浅間町に4台、港南に2台が配置された。（写真提供：ホリデー横浜）

車内

2007（平成19）年度の車両

　2007（平成19）年度は「平成17年排出ガス規制」適合型式が導入されている。一般路線車は日産ディーゼルスペースランナー RAのPKG-車を導入。低公害車は日野ブルーリボンシティ HUハイブリッドのBJG-車が採用された。ミニバスは日野ポンチョロングのBDG-車が初登場している。なお、3月には港北ニュータウン営業所を閉所。所管路線は緑・港北営業所に引き継がれ、一部が東急バスに移管された。また、12月には交通局の外郭団体である横浜交通開発に61・117系統を移管。日野車と日産ディーゼル車が6台ずつ同社に移籍した。

7-3894（日野BDG-HX6JLAE）

2007年度に初めて登場したポンチョのBDG-車。エンジンJ05D型、ホイールベース4825㎜のMT車。左側面は2枚扉、右側面は逆T字型窓である。保土ケ谷・本牧・磯子に計8台配置された。

7-4630（日産ディーゼルPKG-RA274KAN）

初めて採用されたスペースランナー RAノンステップバスのPKG-車。エンジンMD92型、ホイールベース4800㎜のMT車で、ABSが装着されている。滝頭・磯子に計29台配置されている。

リヤ

7-4610（日産ディーゼルPKG-RA274KAN）

4609・4610は「ぶらり赤レンガバス」のラッピング車。2016年に運行開始されたこの路線は、「ベイサイドブルー」の開業とともに運行終了し、その後2台は一般路線で使用されている。

車内

7-3896（日野BJG-HU8JLFP）

前年度に続いて導入されたブルーリボンシティ HUハイブリッド。2007年度車はNOx＋PMと燃費の低減が図られ、識別記号がBJGになっている。保土ケ谷・浅間町・港南に計10台配置された。

2008（平成20）年度の車両

　2008（平成20）年度も「平成17年排出ガス規制」適合型式が導入された。一般路線車は短尺の日野ブルーリボンⅡノンステップバスを採用。多客路線用として、長尺のいすゞエルガワンステップバスが投入された。低公害車は短尺の日野ブルーリボンシティHUハイブリッドを選択。ミニバス路線の日野ポンチョも増備されている。観光スポット周遊バス「あかいくつ」に10.5m尺の日野レインボーHRを導入。定期観光バス用として日野セレガスーパーハイデッカーが新製された。なお、2月には緑・磯子営業所が横浜交通開発に管理委託されている。

8-3905（日野BDG-HR7JPBE）

「あかいくつ」の増備車で、利用者の増加を踏まえ中型ロング1台が新製された。エンジンJ07E型、ホイールベース5580mmで、ABSを装備。外装・内装は2004年度車に準じている。

8-3965（日野BDG-HX6JLAE）

前年度に引き続き導入されたポンチョロングのBDG-車。ABSを装備するMT車で、ボディスタイルは前年度の車両と同じである。保土ケ谷・本牧・緑・磯子に計12台配置されている。

8-3943（日野PKG-KV234L2）

初めて採用された短尺ブルーリボンⅡノンステップバスのPKG-車。エンジン6HK1型、ホイールベース4800mmのMT車で、前照灯2灯の"日野顔"となった。55台が新製されている。

8-3911（日野PKG-KV234L2）

3909〜3911は「ぶらり野毛山動物園BUS」のラッピング車。2016年に開設されたこの路線は、89系統の一部区間を急行運転とし、観光の足としての利便性を向上させたものである。

8-3984（日野BJG-HU8JLFP）

前年度に続いて増備された短尺ブルーリボンシティHUハイブリッドのBJG-車。ABSが装着されたMT車で、ボディスタイルは前年度車と同一。保土ケ谷・浅間町・港南に計10台配置された。

車内

8-1632（いすゞ PKG-LV234Q2）

都心縦貫路線のラッシュ対策として、本牧に3台配置された長尺エルガワンステップバスのPKG-車。MT仕様で、冷房はデンソー製。ホイールベース5800㎜、乗客定員85人である。

車内

8-3010（日野PKG-RU1ESAA改）

定期観光用として2台新製されたセレガスーパーハイデッカー。エンジンE13C型、ホイールベース6080㎜、乗客定員45人で、リフトを装備。定期観光の運行終了後は貸切に転用された。

2009（平成21）年度の車両

　2009（平成21）年度も引き続き「平成17年排出ガス規制」適合型式が導入された。一般路線車は短尺のいすゞエルガノンステップバスを選択。若葉台・浅間町・本牧・港北・鶴見・緑・磯子に配置された。低公害車は短尺の日野ブルーリボンHUハイブリッドが保土ケ谷・浅間町・港南、短尺のいすゞエルガCNGノンステップバスが浅間町に配置された。ミニバスは真っ赤なボディの日野ポンチョが保土ケ谷に配置された。なお、2010年1月には浅間町営業所にCNGの充填施設が完成。港北と滝頭に配置されていたCNG車が浅間町に転属している。

9-1676（いすゞ PKG-LV234L2）

2009年度に初めて導入された短尺エルガノンステップバスのPKG-車。47台新製された。また2009年度には短尺エルガCNGノンステップバスも1台採用。浅間町に配置されている。

9-3992（日野BJG-HU8JLFP）

引き続き増備された短尺ブルーリボンシティHUハイブリッドのBJG-車。ABSが装着されたMT車で、スタイルは前年度車と変わらない。保土ケ谷・浅間町・港南に計10台配置された。

9-3986（日野BDG-HX6JLAE）

前年度に続いて導入されたポンチョのBDG-車。ABSを装備するMT車で、2009年度車2台は赤いボディに「はまりん」があしらわれて登場。保土ケ谷から滝頭に移って活躍中である。

2010（平成22）年度の車両

　2010（平成22）年度も「平成17年排出ガス規制」適合のPKG-車・PDG-車が導入されたが、「ポスト新長期規制」適合のLKG-車・LJG-車も登場している。一般路線車は短尺のいすゞエルガノンステップバスのPKG-車を採用。中型の日野レインボーⅡノンステップバスのPDG-車も導入された。低公害車は短尺の日野ブルーリボンシティHUハイブリッドのLJG-車を初めて採用。貸切車に長尺の日野ブルーリボンⅡツーステップバスのPKG-車が投入された。また横浜交通開発が長尺のいすゞエルガワンステップバスのLKG-車を自社発注した。

0-1215（いすゞ LKG-LV234Q3）

横浜交通開発が2台新製した長尺エルガワンステップバスのLKG-車。エンジン6HK1型、ホイールベース5800mmのMT車。横浜交通開発の車両は、社名の頭文字"TD"マークを前面に掲げている。

0-1741（いすゞ PKG-LV234L2）

前年度に引き続き導入された短尺エルガノンステップバスのPKG-車。MT仕様の66台がすべての営業所に配置された。エルガとブルーリボンⅡはPKG-車まで後部の通風器が角形だった。

0-3997（日野LJG-HU8JLGP）

2010年度に初めて採用された短尺ブルーリボンシティHUハイブリッドのLJG-車。冷房コンプレッサーが電動になり、BJG-車とは形状が異なる。10台が保土ケ谷・本牧・港南に配置された。

0-3308（日野PDG-KR234J2）

1999年度以来11年ぶりに新製された9m尺の中型車。エンジンは6HK1型、ホイールベースは4400㎜、MT仕様のレインボーⅡノンステップバス。港北に1台、鶴見に2台が配置された。

0-3012（日野PKG-KV234Q2）

貸切バスとして1台導入された長尺のブルーリボンⅡ。乗客定員82人（座席64人＋立席18人）という収容力で重用されている。往年の貸切カラーで活躍する唯一の存在となっている。

2011（平成23）年度の車両

　2011（平成23）年度は「ポスト新長期規制」適合のLKG-車・LDG-車・LJG-車が導入された。一般路線車は8年ぶりの三菱車となるエアロスターノンステップバスを採用。トルコンAT車となっている。その後、三菱車は現在まで選択されておらず、2003年度車が全廃された現在では唯一の三菱製路線車となっている。低公害車は前年度に続いて日野ブルーリボンシティHUハイブリッドを、新たにいすゞエルガCNGノンステップバスを導入。エルガはトルコンAT車となっている。また貸切車として日野セレガハイデッカーが新製されている。

1-2699（三菱ふそうLKG-MP37FK）

2011年度に60台新製された短尺エアロスターノンステップバスのLKG-車。エンジンは6M60型、ホイールベースは4800㎜で、アリソン製のトルコンATを装備。冷房は三菱製である。

リヤ

1-2690（三菱ふそうLKG-MP37FK）

車内

エアロスターのうち、本牧配置の2690は観光スポット周遊バス「あかいくつ」のラッピング車。通常は一般路線に運用されるが、土日祝日などに「あかいくつ」で活躍する姿が見られる。

2011年度に10台採用された短尺エルガCNGノンステップバスのLDG-車。エンジン6HF1型、ホイールベース4800mmのAT車で、全車が浅間町に配置された。
（写真提供：ホリデー横浜）

1-1757（いすゞLDG-LV234L3改）

前年度に引き続き導入された短尺ブルーリボンシティHUハイブリッドノンステップバスのLJG-車。ボディスタイルは前年度車と同一。保土ケ谷・本牧・港南に計10台が新製配置された。

1-3318（日野LJG-HU8JLGP）

1-3013（日野LKG-RU1ESBA）

横浜市交通局は2011年度に貸切バス事業を再開。セレガハイデッカーのLKG-車を1台新製した。エンジンはE13C型、ホイールベースは6080mm。正席49＋補助席11＝60人乗りである。

2012（平成24）年度の車両

　2012（平成24）年度から「ポスト新長期規制」適合のQPG-車・QRG-車・SKG-車・LNG-車が導入された。一般路線車は短尺の日野ブルーリボンⅡノンステップバスを選択。観光スポット周遊バス「あかいくつ」にも日野ブルーリボンⅡノンステップバスが投入された。ミニバスの日野ポンチョロングも増備されている。低公害車は短尺の日野ブルーリボンHUハイブリッドを導入。のちに2台が「ぶらり三溪園BUS」に使用されている。貸切車の日野セレガハイデッカーも増備。横浜交通開発が短尺のいすゞエルガノンステップバスを採用している。

2-3363（日野QPG-KV234L3）

観光スポット周遊バス「あかいくつ」に初めて投入された大型車。短尺レインボーⅡノンステップバスがベース。屋根上中央に冷房ユニットがあるため、ダブルルーフはダミーとなった。

2-3366（日野SKG-HX9JLBE）

2012年度に初めて登場したポンチョロングのSKG-車。エンジンJ05E型、ホイールベース4825mmのMT車。左側面は2枚扉、右側面は逆T字型窓である。本牧と磯子に2台ずつ配置された。

リヤ

車内

2-3329（日野QPG-KV234L3）

2012年度に41台新製された短尺ブルーリボンⅡノンステップバスの
QPG-車。エンジン6HK1型、ホイールベース4800mmのMT車。右側面は
中央2枚が固定窓のメーカー標準仕様である。

2-1218（いすゞ QPG-LV234L3）

横浜交通開発が2012年度に2台採用した短尺エルガノンステップバスの
QPG-車。エンジン6HK1型、ホイールベース4800mmのMT車。右側面は
4枚とも逆T字型窓の特注仕様である。

2-3372（日野LNG-HU8JLGP）

ブルーリボンシティ HU ハイブリッドはLNG-車が10台新製された。3371・3372は2016年に運行開始された「ぶらり三溪園BUS」のラッピング車で、土日祝日はこの路線に使用されている。

2-3014（日野QRG-RU1ASCA）

前年度に引き続き1台導入されたセレガハイデッカー。2012年度車はA09C型エンジン搭載のQRG-車が選択された。スタイルは前年度車と同一。正席49＋補助席11＝60人乗りである。

2013（平成25）年度の車両

　2013（平成25）年度も引き続き「ポスト新長期規制」適合のQPG-車・QQG-車・QRG-車・SKG-車が導入されている。一般路線車は前年度と同じ短尺の日野ブルーリボンⅡノンステップバスを採用。多客路線用として長尺のいすゞエルガワンステップバス、狭隘路線用として中型の日野レインボーⅡノンステップバスが導入された。ミニバス路線用の日野ポンチョロングを1台だけ新製。低公害車に初めて短尺のいすゞエルガハイブリッドノンステップバスが導入された。また貸切車として日野セレガハイデッカーが1台増備されている。

3-3379（日野QKG-KV234L3）

前年度に引き続き導入された短尺ブルーリボンⅡノンステップバスのQPG-車。MT車であり、右側面の中央2枚が固定窓の外観は前年度車と同じ。本牧と滝頭に2台ずつ配置された。

3-3382（日野SKG-HX9JLBE）

こちらも前年度に続いて採用されたポンチョロングのSKG-車。前年度と同じくMT車で、左側面は2枚扉、右側面は逆T字型窓のボディを持つ。保土ケ谷に1台だけ配置されている。

3-3391（日野SKG-KR290J1）

2013年度に初めて導入されたレインボーⅡノンステップバスのSKG-車。エンジン4HK1型、ホイールベース4400㎜のMT車で、右側面は中央1枚が固定窓である。21台新製されている。

3-1786（いすゞ QQG-LV234L3）

2013年度に初めて登場した短尺エルガハイブリッドのQQG-車。6HK1型エンジンのAMT車で、右側面は中央2枚が固定窓である。保土ケ谷・浅間町・本牧・港北に計10台配置された。

車内

3-1765（いすゞ QKG-LV234Q3）

2013年度に初めて採用された長尺エルガワンステップバスのQKG-車。
ホイールベースは5800㎜で、右側面は中央2枚が固定窓。本牧・港南・
鶴見に計16台が新製配置されている。

リヤ

3-3015（日野QRG-RU1ASCA）

前年度に続いて1台新製されたセレガのQRG-車。貸切車の3010・
3011・3013〜3015はワンマン機器が搭載され、109系統特急便、三
井アウトレットパーク横浜ベイサイド直行便にも使用されている。

2014(平成26)年度の車両

　2014(平成26)年度も「ポスト新長期規制」適合のQPG-車・SDG-車・TPG-車・LNG-車が導入されている。ただし新車導入は比較的少数にとどまり、大型ディーゼル車のノンステップバスが新製されていない。多客路線用として前年度と同じ長尺のいすゞエルガワンステップバスを増備。狭隘路線用として中型のいすゞエルガミオノンステップバスが採用された。低公害車は短尺の日野ブルーリボンシティHUハイブリッドノンステップバスが選択された。またマイクロバスのリフトつき三菱ローザを特定車として運行開始している。

4-1798(いすゞSDG-LR290J1)

初めて登場したエルガミオノンステップバスのSDG-車。前年度のKRと異なるアイシン製のトルコンAT車で、右側面は3枚とも逆T字型窓。保土ケ谷・本牧・緑に計7台配置された。

4-3407(日野LNG-HU8JLFP)

2012年度に続いて採用された短尺ブルーリボンシティHUハイブリッドのLNG-車。J08E型エンジンをモーターがサポートする。保土ケ谷・浅間町・本牧・港南に計9台配置された。

4-1794（いすゞ QPG-LV234Q3）

前年度に引き続き導入された長尺エルガワンステップバスのQPG-車。前年度と同じMT車だが、右側面が4枚とも逆T字型窓に変更された。若葉台・本牧・磯子に計8台配置された。

4-2101（三菱ふそうTPG-BE640G）

2014年度に1台だけ購入したローザのTPG-車。エンジン4P10型、ホイールベース3995㎜のAMT車で、後面にリフトを装備。特定車として滝頭に在籍し、医療施設の送迎に使用されている。

2015（平成27）年度の車両

　2015（平成27）年度も「ポスト新長期規制」適合のQPG車・QDG車・SDG車・QSG車が導入されている。一般路線車に初めて新型ブルーリボンを採用。短尺のAT仕様が選択され、7台は黄玉模様の通称"客船カラー"（横浜の埠頭に接岸するクルーズ船の旅客送迎車のカラー）で新製された。狭隘路線用のいすゞエルガミオノンステップバス、ミニバス路線用の日野ポンチョロングも導入。低公害車はいすゞエルガハイブリッドノンステップバスが選択された。また横浜交通開発が日野ブルーリボンⅡノンステップバスを新製している。

5-3418（日野QDG-KV290N1）

2015年度に初めて登場した新型ブルーリボンのQDG車。エンジン4HK1型、ホイールベース5300㎜のAT車である。20台新製され、3417・3418・3420～3424は"客船カラー"である。

5-1808（いすゞSDG-LR290J1）

前年度に続いて導入されたエルガミオノンステップバスのSDG車。エンジン4HK1型、ホイールベース4400㎜のトルコンAT車で、外観は前年度車と同じ。鶴見に2台配置されている。

5-1805 (いすゞ QSG-LV234L3)

2013年度に続いて採用された短尺エルガハイブリッドノンステップバス。側面表示器が戸袋前に、右側面が逆T字型窓4枚に変更された。保土ケ谷に2台、浅間町に3台配置された。

5-3414 (日野SDG-HX9JLBE)

ミニバス用として2013年度に続いて導入されたポンチョロング。2015年度はトルコンATのSDG-車となったが、外観は変わっていない。保土ケ谷・磯子・緑に計4台が新製配置された。

5-3222 (日野QPG-KV234L3)

横浜交通開発が3台を自社発注した短尺ブルーリボンⅡノンステップバスのQPG-車。交通開発のシートモケットはチェック柄で、横浜の名所があしらわれた交通局の車両とは異なる。

2016（平成28）年度の車両

　2016（平成28）年度も引き続き「ポスト新長期規制」適合のQDG-車・SDG-車が導入されている。一般路線車は前年度と同じ短尺の日野ブルーリボンを導入。8台は黄玉模様の通称"客船カラー"、5台は水玉模様の通称"ピアラインカラー"（桜木町駅前とハンマーヘッドを結ぶ「ピアライン」用車両のカラー）で新製された。ブルーリボンをレトロ調にした「あかいくつ」の専用車も新製されている。ミニバス路線には日野ポンチョロングを増備。また2021年になり、県内の民間事業者が2016年に新製した三菱エアロエースを購入している。

6-3475（日野QDG-KV290N1）

引き続き45台新製された短尺ブルーリボンのQDG-車。3454・3555・3467・3468・3475は"ピアラインカラー"だが、2023年に「ピアライン」が廃止されたため、他路線に転用されている。

6-3451（日野QDG-KV290N1）

ブルーリボンのQDG-車のうち、3444・3445・3447・3450・3451・3456・3479・3480は"客船カラー"である。なお、デザインはグラフィックデザイナーの中川憲造氏が手がけた。

6-3499（日野QDG-KV290N1）

ブルーリボンのQDG-車のうち、3499は東京特殊車体が艤装したレトロ調バス。観光スポット周遊バス「あかいくつ」の増備車で、利用者の増加に対応して2012年度車と同じ大型となった。

6-3496（日野SDG-HX9JLBE）

ミニバス用として前年度に続いて導入されたポンチョロングのSDG-車。トルコンAT車で、保土ケ谷・本牧・緑に計14台を新製配置。横浜市営バスのポンチョはすべて逆T字型窓である。

1-2001（三菱ふそうQTG-MS96VP）

貸切車1台が在籍するエアロエースのQTG-車。エンジンは6R10型、ホイールベースは6095㎜、乗客定員は55人。2016年式だが、2021年度に購入したため、「1-」の局番が与えられた。

2017（平成29）年度の車両

　2017（平成29）年度も「ポスト新長期規制」適合型式が増備されたほか、「ポスト・ポスト新長期規制」に適合した2DG-車・2SG-車の導入が開始されている。一般路線車はいすゞ製となり、短尺エルガのQDG-車と2DG-車が採用された。狭隘路線用の中型車はいすゞエルガミオのSKG-車、ミニバス路線用の小型車は日野ポンチョロングの2DG-車が導入された。低公害車はフルモデルチェンジされた日野ブルーリボンハイブリッドとなり、短尺の2SG-車が選択された。また横浜交通開発も同型のブルーリボンハイブリッドを採用している。

7-1831（いすゞ SKG-LR290J2）

大型車と同じ新型ジェイ・バスボディの中型車が初めて登場。エルガミオのSKG-車で、エンジン4HK1型、ホイールベース4400㎜のAMT車である。保土ケ谷に4台が新製配置された。

7-3506（日野2DG-HX9JLCE）

ミニバス用のポンチョロングも2017年度から「ポスト・ポスト新長期規制」適合型式となった。エンジンJ05E型、ホイールベース4825㎜のAT車。保土ケ谷に2台が新製配置された。

7-3503（日野2SG-HL2ANBP）

初めて採用された新型ブルーリボンハイブリッド。A05C型エンジンをモーターがサポートするAMT車で、ホイールベースは5300㎜。保土ケ谷に2台、浅間町に3台配置されている。

7-3226（日野2SG-HL2ANBP）

横浜交通開発が1台導入した新型ブルーリボンハイブリッド。裾部の緑色のライン、側面後部と後面のみなとみらいのシルエット、都市型の座席配置が、交通局車両との違いである。

リヤ

7-1817（いすゞ QDG-LV290N1）

2017年7～8月に登録されたエルガのQDG-車。短尺のAT車を20台新製。新型のジェイ・バスボディは右側面が5枚とも逆T字型窓で、2017・18年度車は座席配置がラッシュ型である。

7-1845（いすゞ 2DG-LV290N2）

2017年10月～2018年2月に登録された短尺エルガの2DG-車。エンジンは4HK1型、ホイールベースは5300mmで、アリソン製のトルコンATを装備。すべての営業所に計31台が配置された。

2018(平成30)年度の車両

　2018(平成30)年度も「ポスト新長期規制」適合のSDG-車、「ポスト・ポスト新長期規制」適合の2DG-車・2SG-車が導入されている。一般路線車は前年度に引き続きいすゞエルガを採用。低公害車も前年度に引き続き日野ブルーリボンハイブリッドが増備され、同型車が横浜交通開発にも導入された。ブルーリボンをベースに観光スポット周遊バス「あかいくつ」を新製。マイクロバスの日野リエッセⅡを特定車として運行開始した。また2021年には県内の民間事業者が2018年に新製した三菱エアロエースを購入している。

8-3512(日野2DG-KV290N2)

2016年度に続いて1台採用された「あかいくつ」専用のブルーリボン。ベースが2DG-車となったが、古い路面電車を模した外装、赤レンガ倉庫をイメージさせる内装は踏襲された。

リヤ

8-1888（いすゞ2DG-LV290N2）

前年度に引き続き導入された短尺エルガの2DG-車。アリソン製のATを
装備し、スタイルは前年度車と同一。若葉台・浅間町・滝頭・港北・鶴見・
緑・磯子に計45台が配置された。

8-3508（日野2SG-HL2ANBP）

同じく前年度に続いて増備された短尺ブルーリボンハイブリッドの2SG-車。AMT仕様で、スタイルは前年度車と同じ。浅間町・港
南に計5台配置され、横浜交通開発も1台新製した。

車内

1-2002（三菱ふそう2TG-MS06GP）

貸切車2台が在籍するエアロエースの2TG-車。エンジン6S10型、ホイールベース6000mmのAMT車で、乗客定員は60人である。2018年式だが、購入年の「1-」の局番が与えられている。

8-3101（日野SDG-XZB50M）

2018年度に1台だけ購入したリエッセⅡのSDG-車。トヨタコースターのOEM供給モデルで、エンジンN04C型、ホイールベース3935mmのAT車。特定車として医療施設の送迎を担当している。

2019（平成31・令和元）年度の車両

　2019（平成31・令和元）年度も「ポスト・ポスト新長期規制」適合型式の導入が続けられた。一般路線車は前年度に引き続きいすゞエルガを採用。低公害車も前年度に引き続き日野ブルーリボンハイブリッドが増備された。また日野ブルーリボンハイブリッド連節バスが登場。「BAYSIDE BLUE」の愛称で、ベイエリアの観光・ビジネス拠点を結び運行開始された。さらにトヨタの燃料電池バスSORAを初めて採用。当初は「ピアライン」で水玉模様のブルーリボンとともに使用された。ミニバス路線には日野ポンチョが投入されている。

9-3514（日野KX525Z1）

「BAYSIDE BLUE」として4台新製されたハイブリッド連節バス。エンジンA09C型、ホイールベース5600＋6350㎜のAMT車。EDSS（ドライバー異常時対応システム）が装着されている。

9-3532（日野2DG-HX9JLCE）

ミニバス用として2017年度に続いて導入されたポンチョロングの2DG-車。トルコンAT車で、スタイルは2017年度車と同じ。保土ケ谷・滝頭・本牧・磯子に計8台が配置されている。

リヤ

車内

9-6301（トヨタZBC-MUM1NAE）

2019年度に初めて1台登場した燃料電池バスSORA。水素の化学反応で発電し、2基の113kWモーターを駆動する。ホイールベースは5300㎜。新製当初は「ピアライン」に使用された。

前年度に続いて導入された短尺ブルーリボンハイブリッドの2SG-車。日野製のAMT、デンソー製の冷房が搭載されている。保土ケ谷・浅間町・本牧・港南に計10台が配置された。

9-3525（日野2SG-HL2ANBP）

9-1911（いすゞ2DG-LV290N3）

引き続き採用された短尺エルガだが、2019年度車からEDSSとBOA（ブレーキ・オーバーライド・アクセラレーター）が装着され、型式末尾が「3」になった。鶴見に7台配置された。

令和に登場した車両たち

　2020（令和2）年度以降も「ポスト・ポスト新長期規制」適合型式を導入。ただしコロナ禍によりバスの利用者が減少したため、2021・22（令和3・4）年度の新車は少数にとどまっている。一般路線車はいすゞエルガが2020年度に35台新製された。低公害車は日野ブルーリボンハイブリッドを2020年度に交通局が21台、横浜交通開発が1台、2021年度に交通局が10台増備。トヨタSORAを2022年度に2台採用した。貸切車はいすゞガーラハイデッカーを2020年度に2台新製。また都市整備局が日産キャラバンを2022年度に2台導入している。

0-1945（いすゞ 2RG-LV290N3）

2020年12月に登録された短尺エルガ。トルコンAT車の燃費改善が図られたため、排ガス規制の識別記号が「2RG」になっている。EDSSを装備。若葉台に4台、緑に1台が配置された。

0-1932（いすゞ 2PG-LV290N3）

2019年度に引き続き2020年5～6月に登録された短尺エルガの2PG-車。トルコンAT車で、EDSSを装備。若葉台・浅間町・滝頭・本牧・港北・鶴見・緑・磯子に計23台が配置された。

2-6302（トヨタZBC-MUM1NAE）

2019年度に続き2022年度にも2台採用された燃料電池バスSORA。EDSSを装備。2019年度車と同じ滝頭に配置され、「ピアライン」の廃止により、101系統や156系統などに運用されている。

2-4005（日産3BF-DS4E26）

都市整備局が2台購入したキャラバン。QR25DE型ガソリンエンジンが搭載され、ホイールベース2940㎜のAT車。貸切登録され、都筑区都田地区の実証実験路線に使用されている。

1-3566（日野2SG-HL2ANBP）

2021年度に10台新製された短尺ブルーリボンハイブリッドの2SG-車。日野製のAMT車で、EDSSが装着され、フルーカラーLED表示器を採用。保土ケ谷・浅間町・港南に配置された。

0-3551（日野2SG-HL2ANBP）

ブルーリボンハイブリッド
の2020年度車。EDSSを装
備するAMT車。保土ケ谷・
浅間町・滝頭・本牧・港南
に計20台を配置。2019 ～
22年度車は中扉以降が左側
2席だけ1人掛けである。

0-3540（日野2SG-HL2ANBP）

滝頭の3540は青帯の上下
に銀帯が巻かれている。こ
れは沿線に花見スポットが
ある21系統に「さくらバス」
として運行された際、車内の
桜の装飾とともにあしらわ
れたものである。

0-1933（いすゞ 2PG-LV290N3）

港北の1933は銀帯だけで
なく、前頭部が青色に塗ら
れ、1995年度以前のデザイ
ンを彷彿とさせる。こちら
も104系統に「さくらバス」
として運行されたときに塗
られたものである。

車内

0-1001（いすゞ 2TG-RU1ASDJ改）

2020年度には貸切車のガーラが2台新製されている。1001はリフトつきの55人乗りで、後面は1枚窓仕様。前面と側面にLED表示器が装着されているが、ワンマン機器は搭載されていない。

リヤ

0-1002（いすゞ 2TG-RU1ASDJ）

1002はリフトつきの60人乗りで、後面は2枚窓仕様。ワンマン機器は搭載されていない。ガーラは2台ともエンジンA09C型、ホイールベース6080mmのMT車で、EDSSが装着されている。

現有車両一覧表 <small>(1999年4月1月現在)</small>

車両一覧表凡例

■U-LR332F （IKC）　　3-1410　横22か8158　94　保　○
　①　　　　　②　　　　　③　　　④　　　　　⑤　⑥　⑦

① 車台型式
② ボディメーカー
③ 局番
④ 登録番号
　横：横浜
⑤ 年式（登録年西暦の下2桁）

⑥ 所属営業所
　保：保土ケ谷／若：若葉台／浅：浅間町／緑：緑／二：港北ニュータウン
　磯：磯子／滝：滝頭／本：本牧／南：港南／野：野庭／北：港北／鶴：鶴見

⑦ 用途
　○：一般路線車／⊙：定観車／□：貸切車／△：特定車

いすゞ

■U-LR332F改（IKC）

局番	登録番号	年式・営業所・用途
3-1410	横22か8158	94保○
3-1411	横22か8159	94保○
3-1412	横22か8160	94保○
3-1413	横22か8169	94鶴○
3-1414	横22か8170	94鶴○
3-1415	横22か8171	94鶴○

■U-LR332J改（IKC）

局番	登録番号	年式・営業所・用途
1-1103	横88か8544	91北△

■KC-LR333J改（いすゞ）

局番	登録番号	年式・営業所・用途
6-1452	横22か8926	96鶴○
8-1508	横200か199	99鶴○

■KC-LR333J改（富士）

局番	登録番号	年式・営業所・用途
7-1466	横22か9198	98北○
7-1467	横22か9199	98北○
7-1468	横22か9200	98北○
7-1469	横22か9201	98北○
7-1485	横22か9210	98鶴○
7-1486	横22か9211	98鶴○

■P-LV314K改（IKC）

局番	登録番号	年式・営業所・用途
8-1327	横22か6424	88北○
8-1331	横22か6450	88北○
8-1332	横22か6451	88北○
8-1333	横22か6452	88北○
8-1334	横22か6453	88北○
8-1335	横22か6454	88北○
8-1336	横22か6455	88北○
9-1339	横22か6780	89北○
9-1340	横22か6774	89北○
9-1341	横22か6775	89北○
9-1342	横22か6776	89北○
9-1343	横22か6777	89北○
9-1344	横22か6778	89北○
9-1345	横22か6779	89北○
9-1346	横22か6785	89北○
9-1347	横22か6786	89北○
9-1348	横22か6787	89北○
9-1349	横22か6788	89北○
9-1350	横22か6789	89北○
9-1351	横22か6790	89北○
9-1352	横22か6791	89北○
9-1353	横22か6792	89北○
9-1354	横22か6793	89北○
9-1355	横22か6794	89北○
9-1356	横22か6795	89北○
9-1357	横22か6796	89北○
9-1358	横22か6869	89北○

■P-LV314L改（IKC）

局番	登録番号	年式・営業所・用途
8-1304	横22か6355	88鶴○
8-1305	横22か6356	88鶴○
8-1306	横22か6357	88鶴○
8-1307	横22か6394	88鶴○
8-1308	横22か6395	88鶴○
8-1309	横22か6396	88鶴○
8-1310	横22か6397	88鶴○
8-1311	横22か6398	88鶴○
8-1312	横22か6399	88鶴○
8-1317	横22か6420	88鶴○

■P-LV314L改（IKC）（続き）

局番	登録番号	年式・営業所・用途
9-1359	横22か6812	89鶴○
9-1360	横22か6808	89鶴○
9-1361	横22か6809	89鶴○
9-1362	横22か6810	89鶴○
9-1364	横22か6819	89鶴○
9-1365	横22か6820	89鶴○
9-1366	横22か6821	89鶴○
9-1367	横22か6822	89鶴○
9-1368	横22か6870	89鶴○

■U-LV324K（IKC）

局番	登録番号	年式・営業所・用途
0-1372	横22か7199	90北○
0-1373	横22か7200	90北○
0-1374	横22か7201	90北○
1-1375	横22か7467	91北○
1-1376	横22か7468	91北○
2-1387	横22か7785	92北○
2-1388	横22か7786	92北○
2-1389	横22か7787	92北○
3-1399	横22か8014	93北○
3-1400	横22か8015	93北○
3-1401	横22か8016	93北○
3-1402	横22か8017	93北○
3-1403	横22か8018	93北○
3-1404	横22か8019	93北○
3-1405	横22か8020	93北○
3-1406	横22か8021	93北○
3-1407	横22か8022	93北○
3-1408	横22か8023	93北○
3-1409	横22か8024	93北○
4-1416	横22か8348	94北○
4-1417	横22か8350	94北○
4-1418	横22か8351	94北○
4-1419	横22か8352	94北○
4-1420	横22か8353	94北○
4-1421	横22か8354	94北○
4-1422	横22か8355	94北○
4-1423	横22か8356	94北○
4-1424	横22か8357	94北○
4-1425	横22か8358	94北○
4-1426	横22か8374	94北○
4-1427	横22か8375	94北○

■U-LV324L（IKC）

局番	登録番号	年式・営業所・用途
0-1369	横22か7196	90鶴○
0-1370	横22か7197	90鶴○
0-1371	横22か7198	90鶴○
1-1377	横22か7489	91鶴○
1-1378	横22か7490	91鶴○
1-1379	横22か7491	91鶴○
1-1380	横22か7492	91鶴○
1-1381	横22か7493	91鶴○
1-1382	横22か7494	91鶴○
1-1383	横22か7495	91鶴○
1-1384	横22か7496	91鶴○
1-1385	横22か7497	91鶴○
2-1391	横22か7788	92鶴○
2-1392	横22か7789	92鶴○
2-1393	横22か7790	92鶴○
2-1394	横22か7791	92鶴○
2-1395	横22か7792	92鶴○
2-1396	横22か7793	92鶴○
2-1397	横22か7850	93鶴○
2-1398	横22か7851	93鶴○

■U-LV324K（IKC）（続き）

局番	登録番号	年式・営業所・用途
4-1428	横22か8376	94鶴○
4-1429	横22か8377	94鶴○
4-1430	横22か8378	94鶴○

■U-LV324M改（IKC）

局番	登録番号	年式・営業所・用途
1-1104	横88か8543	91北△
4-1105	横88か9428	95鶴△

■U-LV224K改（IKC）

局番	登録番号	年式・営業所・用途
1-1386	横22か7607	92北○
2-1390	横22か7797	92北○

■KC-LV380L（いすゞ）

局番	登録番号	年式・営業所・用途
5-1431	横22か8631	95北○
5-1432	横22か8632	95北○
5-1433	横22か8633	95北○
5-1434	横22か8634	95北○
5-1435	横22か8635	95北○
5-1436	横22か8636	95北○
5-1437	横22か8637	95北○
5-1438	横22か8638	95北○
5-1439	横22か8639	95北○

■KC-LV380L改（いすゞ）

局番	登録番号	年式・営業所・用途
6-1446	横22か9004	97北○
6-1447	横22か9015	97北○
6-1448	横22か9016	97北○
6-1450	横22か9006	97北○
6-1451	横22か9007	97鶴○

■KC-LV380L改（富士）

局番	登録番号	年式・営業所・用途
7-1453	横22か9096	97北○
7-1454	横22か9097	97北○
7-1455	横22か9098	97北○
7-1456	横22か9099	97北○
7-1457	横22か9094	97鶴○
7-1458	横22か9095	97鶴○
7-1465	横22か9197	98鶴○
7-1471	横22か9212	98鶴○
7-1472	横22か9213	98鶴○
7-1473	横22か9214	98鶴○
7-1474	横22か9215	98鶴○
7-1475	横22か9204	98鶴○
7-1476	横22か9205	98鶴○
7-1477	横22か9206	98鶴○
7-1478	横22か9207	98鶴○
7-1479	横22か9208	98鶴○
7-1480	横22か9209	98鶴○
7-1481	横22か9193	98鶴○
7-1482	横22か9194	98鶴○
7-1483	横22か9195	98鶴○
7-1484	横22か9196	98鶴○

■KC-LV380N（いすゞ）

局番	登録番号	年式・営業所・用途
5-1441	横22か8640	95鶴○
5-1443	横22か8641	95鶴○

■KC-LV280L改（いすゞ）

局番	登録番号	年式・営業所・用途
5-1440	横22か8719	96北○
8-1487	横200か37	98北○
8-1488	横200か38	98北○
8-1489	横200か39	98北○
8-1490	横200か40	98北○
8-1491	横200か41	98鶴○

8-1492	横200か43	98鶴○
8-1493	横200か44	98鶴○
8-1494	横200か92	98北○
8-1495	横200か93	98北○
8-1496	横200か94	98北○
8-1497	横200か87	98北○
8-1498	横200か86	98北○
8-1500	横200か96	98鶴○
8-1501	横200か97	98鶴○
8-1502	横200か98	98鶴○
8-1503	横200か99	98鶴○
8-1504	横200か100	98鶴○

■KC-LV280N(いすゞ)

5-1444	横22か8643	95鶴○
5-1445	横22か8644	95鶴○

■KC-LV280Q(富士)

7-1459	横22か9111	97鶴○
7-1460	横22か9112	97鶴○
7-1461	横22か9113	97鶴○
7-1462	横22か9114	97鶴○
7-1463	横22か9115	97鶴○
7-1464	横22か9116	97鶴○

■LV832N(いすゞ)

7-1470	横22か9246	98北○

■KC-LV832N(いすゞ)

8-1499	横200か95	98北○
8-1505	横200か180	99北○
8-1506	横200か181	99鶴○
8-1507	横200か182	99鶴○

日産ディーゼル
■P-RM81G改(富士)

9-4104	横88か7985	89滝△

■P-RB80G改(西工)

8-4322	横22か6645	89滝○
8-4323	横22か6646	89滝○
8-4324	横22か6647	89滝○
8-4325	横22か6648	89滝○
8-4326	横22か6655	89滝○
8-4327	横22か6656	89滝○
8-4328	横22か6657	89滝○
8-4329	横22か6658	89ニ○

■U-RM210GSN改(富士)

0-4105	横88か8375	90滝△
3-4106	横88か9044	93磯△

■KC-RM211GSN改(富士)

6-4108	横88か9851	96滝△
6-4502	横22か8971	97本○
6-4503	横22か8972	97本○
8-4521	横200か196	99ニ○
8-4522	横200か197	99ニ○
8-4523	横200か198	99ニ○

■KC-JP250NTN(西工)

6-4472	横22か8941	97磯○
6-4473	横22か8943	97磯○
6-4474	横22か8944	97磯○
6-4475	横22か8945	97磯○
6-4476	横22か8946	97磯○
6-4477	横22か8947	97磯○
6-4478	横22か8948	97磯○
6-4479	横22か8950	97磯○
6-4480	横22か8951	97磯○
6-4481	横22か8952	97磯○
6-4482	横22か8956	97磯○
6-4483	横22か8957	97磯○
6-4484	横22か8958	97磯○
6-4485	横22か8959	97磯○
6-4486	横22か8960	97磯○

■KC-JP250NTN改(富士)

6-4463	横22か8895	96ニ○
6-4464	横22か8896	96ニ○
6-4465	横22か8897	96ニ○
6-4466	横22か8923	96ニ○
6-4467	横22か8924	96ニ○
6-4468	横22か8925	96ニ○
6-4469	横22か8936	97ニ○

6-4470	横22か8937	97ニ○
6-4471	横22か8938	97ニ○
6-4488	横22か8965	97滝○
6-4489	横22か8966	97滝○
6-4490	横22か8967	97滝○
6-4491	横22か8968	97滝○

■P-U32L(富士)

8-4303	横22か6380	88磯○
8-4304	横22か6381	88磯○
8-4305	横22か6382	88磯○
8-4307	横22か6384	88磯○
8-4309	横22か6429	88磯○
8-4310	横22か6430	88磯○
8-4311	横22か6431	88磯○

■P-U33K(富士)

9-4332	横22か6856	89ニ○
9-4333	横22か6857	89ニ○
9-4334	横22か6858	89ニ○
9-4335	横22か6861	89ニ○
9-4336	横22か6862	89ニ○
9-4337	横22か6863	89ニ○
9-4338	横22か6871	89ニ○
9-4339	横22か6872	89ニ○
9-4340	横22か6873	89ニ○

■P-U33K改(富士)

9-4210	横22か6914	89滝○
9-4341	横22か6888	89ニ○

■P-U33L改(富士)

9-4330	横22か6889	89磯○
9-4331	横22か6913	89磯○

■U-UA440HSN(富士)

1-4211	横22か7502	91滝○
1-4212	横22か7503	91滝○
1-4213	横22か7504	91滝○
1-4214	横22か7505	91滝○
1-4215	横22か7510	91滝○
1-4216	横22か7511	91ニ○
1-4217	横22か7512	91ニ○
1-4366	横22か7519	91ニ○
1-4367	横22か7520	91ニ○
2-4219	横22か7773	92滝○
2-4378	横22か7774	92ニ○
2-4379	横22か7775	92ニ○
3-4221	横22か8001	93滝○
3-4222	横22か8002	93滝○
3-4223	横22か8003	93滝○
3-4224	横22か8009	93滝○
3-4225	横22か8010	93滝○
3-4226	横22か8011	93滝○
3-4227	横22か8012	93滝○
3-4228	横22か8013	93滝○
3-4383	横22か7959	93ニ○
3-4384	横22か7960	93ニ○
3-4385	横22か7961	93ニ○
3-4386	横22か7962	93ニ○
3-4387	横22か7963	93ニ○
3-4388	横22か7964	93ニ○
3-4389	横22か7965	93ニ○
3-4390	横22か7966	93ニ○
3-4391	横22か7968	93ニ○
3-4392	横22か7969	93ニ○
3-4393	横22か7970	93ニ○
3-4394	横22か7971	93ニ○
3-4395	横22か7972	93ニ○
3-4406	横22か8128	94ニ○
3-4407	横22か8129	94ニ○
4-4229	横22か8281	94滝○
4-4230	横22か8282	94滝○
4-4231	横22か8283	94滝○
4-4232	横22か8284	94滝○
4-4233	横22か8285	94滝○
4-4234	横22か8307	94滝○
4-4235	横22か8308	94滝○
4-4236	横22か8309	94滝○
4-4237	横22か8310	94滝○
4-4238	横22か8311	94滝○
4-4239	横22か8327	94滝○
4-4240	横22か8328	94滝○
4-4241	横22か8329	94滝○
4-4243	横22か8331	94滝○

4-4244	横22か8332	94滝○
4-4245	横22か8333	94滝○
4-4246	横22か8334	94滝○
4-4247	横22か8335	94滝○
4-4248	横22か8336	94滝○
4-4250	横22か8338	94滝○
4-4251	横22か8339	94滝○
4-4252	横22か8380	94滝○
4-4253	横22か8381	94滝○
4-4254	横22か8382	94滝○
4-4257	横22か8337	94滝○
4-4258	横22か8330	94滝○
4-4413	横22か8299	94ニ○
4-4414	横22か8300	94ニ○
4-4415	横22か8301	94ニ○
4-4416	横22か8302	94ニ○
4-4417	横22か8303	94ニ○

■U-UA440HSN改(富士)

4-4418	横22か8408	94滝○

■U-UA440LSN改(富士)

1-4342	横22か7383	91ニ○
1-4343	横22か7384	91ニ○
1-4344	横22か7385	91ニ○
1-4345	横22か7386	91ニ○
1-4346	横22か7389	91ニ○
1-4347	横22か7390	91ニ○
1-4348	横22か7391	91ニ○
1-4349	横22か7392	91ニ○
1-4350	横22か7396	91ニ○
1-4351	横22か7397	91ニ○
1-4352	横22か7398	91ニ○
1-4353	横22か7399	91ニ○
1-4354	横22か7403	91ニ○
1-4355	横22か7404	91ニ○
1-4356	横22か7405	91ニ○
1-4357	横22か7406	91ニ○
1-4358	横22か7412	91ニ○
1-4359	横22か7413	91ニ○
1-4360	横22か7414	91ニ○
1-4361	横22か7415	91ニ○
1-4362	横22か7416	91ニ○
1-4363	横22か7521	91ニ○
1-4364	横22か7522	91ニ○
1-4365	横22か7523	91ニ○
1-4368	横22か7515	91磯○
1-4369	横22か7516	91磯○
1-4370	横22か7517	91磯○
1-4371	横22か7518	91磯○
2-4372	横22か7734	92磯○
2-4373	横22か7735	92磯○
2-4374	横22か7736	92磯○
2-4375	横22か7758	92磯○
2-4376	横22か7759	92磯○
2-4377	横22か7760	92磯○
2-4380	横22か7862	93磯○
2-4381	横22か7863	93磯○
2-4382	横22か7864	93磯○
3-4396	横22か7996	93磯○
3-4397	横22か7997	93磯○
3-4398	横22か7998	93磯○
3-4399	横22か7999	93磯○
3-4400	横22か8000	93磯○
3-4401	横22か8005	93磯○
3-4402	横22か8006	93磯○
3-4403	横22か8007	93磯○
3-4404	横22か8008	93磯○
3-4405	横22か8008	93磯○
3-4408	横22か8130	94磯○
3-4409	横22か8131	94磯○
3-4410	横22か8132	94磯○
3-4411	横22か8133	94磯○
4-4419	横22か8313	94磯○
4-4420	横22か8314	94磯○
4-4421	横22か8315	94磯○
4-4422	横22か8316	94磯○
4-4423	横22か8317	94磯○
4-4424	横22か8343	94磯○
4-4425	横22か8344	94磯○
4-4426	横22か8345	94磯○
4-4427	横22か8346	94磯○
4-4428	横22か8347	94磯○
4-4429	横22か8384	94磯○
4-4430	横22か8385	94磯○

4-4431	横22か8386	94磯○
4-4432	横22か8387	94磯○
4-4433	横22か8388	94磯○
4-4434	横22か8389	94磯○
4-4435	横22か8390	94磯○
4-4436	横22か8391	94磯○
4-4437	横22か8392	94磯○
4-4438	横22か8393	94磯○

■U-UA440HAN改（富士）		
1-4218	横22か7547	92滝○
2-4220	横22か7796	92滝○
4-4255	横22か8383	94滝○

■U-UA440LAN改（富士）		
3-4412	横22か8134	94磯○

■KC-UA460HSN（富士）		
5-4439	横22か8596	95二○
5-4440	横22か8597	95二○
5-4441	横22か8692	95二○
5-4443	横22か8693	95二○
5-4454	横22か8705	95滝○
5-4455	横22か8706	95滝○
5-4456	横22か8707	95滝○
5-4457	横22か8708	95滝○
5-4458	横22か8709	95滝○
5-4459	横22か8710	95滝○
5-4460	横22か8711	95滝○
5-4461	横22か8712	95滝○
5-4462	横22か8713	95滝○

■KC-UA460LSN（富士）		
5-4444	横22か8572	95磯○
5-4445	横22か8573	95磯○
5-4446	横22か8574	95磯○
5-4447	横22か8575	95磯○
5-4448	横22か8576	95磯○
5-4450	横22か8580	95磯○
5-4451	横22か8694	95磯○
5-4452	横22か8695	95磯○

■KC-UA460LSN改（富士）		
5-4107	横88か9647	95磯△

■KC-UA460HAN改（富士）		
8-4515	横200か154	98二○
8-4516	横200か155	98二○

■KC-UA460LAN改（富士）		
5-4453	横22か8581	95磯○
6-4487	横22か9009	97磯○
7-4109	横88き263	97二△
8-4517	横200か145	98磯○
8-4518	横200か146	98磯○

■NE-UA4E0HAN改（富士）		
6-4492	横22か8964	97滝○
6-4493	横22か8977	97滝○
6-4494	横22か8978	97滝○
6-4495	横22か8979	97滝○
6-4496	横22か8990	97滝○
6-4497	横22か8991	97滝○
6-4498	横22か8992	97滝○
6-4499	横22か9001	97滝○
6-4500	横22か9002	97滝○
6-4501	横22か9003	97滝○
7-4505	横22か9224	98滝○
7-4506	横22か9225	98滝○
7-4507	横22か9226	98滝○
7-4508	横22か9227	98滝○
7-4509	横22か9228	98滝○
7-4510	横22か9229	98滝○
7-4511	横22か9234	98滝○
7-4512	横22か9235	98滝○
7-4513	横22か9236	98滝○
7-4514	横22か9237	98滝○
8-4519	横200か186	99滝○
8-4520	横200か187	99滝○

■KC-UA460KAM（富士）		
7-4504	横22か9192	98磯○

■RG620VBN（JON）		
3-4001	横22か8190	94保⊙

3-4002	横22か8203	94保⊙
3-4003	横22か8204	94保⊙

日野		
■U-AB2WGAA（日野）		
1-3003	横22あ211	91南□
1-3004	横22あ212	91南□

■KC-RX4JFAA（日野）		
5-3555	横22か8696	95保○
5-3556	横22か8697	95保○
5-3557	横22か8698	95保○
5-3558	横22か8699	95保○
5-3559	横22か8715	96保○
5-3560	横22か8716	96保○
5-3561	横22か8717	96保○
5-3564	横22か8724	96滝○
5-3565	横22か8725	96滝○
5-3566	横22か8729	96滝○
5-3567	横22か8730	96滝○
5-3568	横22か8731	96滝○
5-3569	横22か8732	96滝○
5-3574	横22か8772	96滝○
7-3607	横22か9075	97保○
7-3608	横22か9076	97保○
8-3636	横200か210	99保○

■KC-RX4JFAA改（日野）		
8-3108	横200あ22	98保△
8-3109	横200あ23	98保△

■KC-RJ1JJCK（日野）		
8-3633	横200か201	99保○
8-3634	横200か202	99保○
8-3635	横200か203	99保○

■P-HT233BA（日野）		
8-3311	横22か6321	88南○
8-3312	横22か6322	88南○
8-3319	横22か6335	88南○
8-3320	横22か6336	88南○
8-3321	横22か6337	88南○
8-3322	横22か6338	88南○
8-3323	横22か6339	88南○
8-3329	横22か6350	88野○
8-3330	横22か6351	88野○
8-3331	横22か6368	88野○
8-3332	横22か6369	88野○
8-3334	横22か6371	88野○
8-3343	横22か6377	88浅○
8-3344	横22か6403	88浅○
8-3345	横22か6404	88浅○
9-3351	横22か6717	89保○
9-3352	横22か6718	89保○
9-3353	横22か6719	89保○
9-3354	横22か6720	89保○
9-3355	横22か6721	89保○
9-3356	横22か6722	89保○
9-3357	横22か6723	89保○
9-3358	横22か6724	89保○
9-3359	横22か6725	89保○
9-3360	横22か6726	89浅○
9-3361	横22か6727	89浅○
9-3362	横22か6728	89浅○
9-3363	横22か6729	89浅○
9-3364	横22か6730	89浅○
9-3365	横22か6731	89保○
9-3366	横22か6732	89保○
9-3367	横22か6733	89保○
9-3368	横22か6734	89保○
9-3369	横22か6735	89保○
9-3370	横22か6736	89保○
9-3371	横22か6737	89保○
9-3372	横22か6741	89保○
9-3373	横22か6743	89保○
9-3374	横22か6886	89保○
9-3375	横22か6813	89浅○
9-3376	横22か6814	89浅○
9-3377	横22か6815	89浅○
9-3378	横22か6816	89浅○
9-3379	横22か6817	89浅○
9-3380	横22か6818	89浅○
9-3381	横22か6823	89浅○
9-3382	横22か6824	89浅○
9-3383	横22か6825	89浅○

9-3384	横22か6826	89浅○
9-3385	横22か6827	89浅○
9-3386	横22か6828	89浅○
9-3387	横22か6843	89浅○
9-3388	横22か6844	89浅○
9-3389	横22か6845	89浅○
9-3390	横22か6846	89浅○
9-3391	横22か6847	89浅○
9-3392	横22か6848	89浅○
9-3393	横22か6887	89浅○
9-3394	横22か6738	89南○
9-3395	横22か6739	89南○
9-3396	横22か6740	89南○
9-3397	横22か6744	89南○
9-3398	横22か6745	89南○
9-3399	横22か6746	89南○
9-3400	横22か6747	89南○
9-3401	横22か6748	89南○
9-3402	横22か6750	89南○
9-3403	横22か6751	89南○
9-3404	横22か6752	89南○
9-3405	横22か6759	89南○
9-3406	横22か6760	89南○
9-3407	横22か6761	89南○
9-3408	横22か6762	89南○
9-3409	横22か6763	89南○
9-3410	横22か6884	89南○
9-3411	横22か6781	89野○
9-3412	横22か6782	89野○
9-3413	横22か6783	89野○
9-3414	横22か6784	89野○
9-3415	横22か6797	89野○
9-3416	横22か6798	89野○
9-3417	横22か6799	89野○
9-3418	横22か6800	89野○
9-3419	横22か6804	89野○
9-3420	横22か6805	89野○
9-3421	横22か6806	89野○
9-3422	横22か6807	89野○
9-3423	横22か6885	89野○

■U-HT2MLAA（日野）		
0-3424	横22か7187	90野○
0-3425	横22か7188	90野○
0-3426	横22か7189	90野○
0-3427	横22か7193	90南○
0-3428	横22か7190	90南○
0-3429	横22か7191	90南○
0-3430	横22か7192	90南○
0-3431	横22か7202	90浅○
0-3433	横22か7204	90浅○
0-3434	横22か7205	90浅○
0-3435	横22か7206	90浅○
0-3436	横22か7207	90浅○
0-3437	横22か7208	90保○
0-3438	横22か7209	90保○
0-3439	横22か7210	90保○
0-3440	横22か7211	90保○
0-3441	横22か7217	90保○
0-3442	横22か7218	90保○
0-3443	横22か7219	90保○
0-3444	横22か7220	90保○
0-3445	横22か7221	90浅○
0-3446	横22か7222	90浅○
0-3447	横22か7223	90浅○
0-3448	横22か7224	90浅○
0-3449	横22か7225	90浅○
0-3450	横22か7226	90浅○
0-3451	横22か7227	90浅○
0-3452	横22か7229	90南○
0-3453	横22か7230	90南○
0-3454	横22か7231	90南○
0-3455	横22か7232	90野○
0-3456	横22か7233	90野○
1-3457	横22か7475	91野○
1-3458	横22か7476	91野○
1-3459	横22か7477	91野○
1-3460	横22か7478	91野○
1-3461	横22か7479	91野○
1-3462	横22か7480	91野○
1-3463	横22か7481	91野○
1-3464	横22か7460	91南○
1-3465	横22か7461	91南○
1-3466	横22か7462	91南○
1-3467	横22か7463	91南○

1-3468	横22か7482	91浅○
1-3469	横22か7498	91保○
1-3470	横22か7499	91保○
1-3471	横22か7501	91保○
1-3472	横22か7500	91保○
2-3475	横22か7737	92浅○
2-3476	横22か7738	92浅○
2-3477	横22か7739	92浅○
2-3479	横22か7740	92保○
2-3480	横22か7741	92保○
2-3481	横22か7743	92保○
2-3482	横22か7744	92保○
2-3483	横22か7761	92南○
2-3484	横22か7762	92南○
2-3485	横22か7763	92南○
2-3486	横22か7764	92南○
2-3487	横22か7776	92南○
2-3488	横22か7777	92南○
2-3489	横22か7778	92野○
2-3490	横22か7779	92野○
2-3491	横22か7833	93南○
2-3494	横22か7836	93南○
3-3498	横22か7975	93保○
3-3499	横22か7976	93保○
3-3500	横22か7977	93保○
3-3501	横22か7978	93保○
3-3502	横22か7979	93保○
3-3503	横22か7980	93浅○
3-3504	横22か7981	93浅○
3-3505	横22か7984	93浅○
3-3506	横22か7982	93浅○
3-3507	横22か7983	93浅○
3-3508	横22か7986	93浅○
3-3509	横22か7987	93浅○
3-3510	横22か7988	93浅○
3-3511	横22か7989	93浅○
3-3512	横22か7990	93浅○
3-3513	横22か7991	93浅○
3-3514	横22か7992	93浅○
3-3515	横22か7993	93浅○
3-3516	横22か7994	93浅○
3-3517	横22か7995	93浅○
3-3518	横22か7985	93野○
3-3519	横22か8188	94保○
3-3520	横22か8189	94保○
3-3523	横22か8144	94浅○
4-3528	横22か8286	94保○
4-3529	横22か8287	94保○
4-3530	横22か8288	94保○
4-3531	横22か8359	94保○
4-3532	横22か8360	94保○
4-3533	横22か8361	94保○
4-3534	横22か8362	94保○
4-3535	横22か8363	94保○
4-3536	横22か8289	94浅○
4-3537	横22か8290	94浅○
4-3538	横22か8368	94南○
4-3539	横22か8369	94南○
4-3540	横22か8370	94南○
4-3541	横22か8371	94野○
4-3542	横22か8372	94野○
4-3543	横22か8373	94野○

■U-HT2MMAA改(日野)

3-3105	横88か9151	94保△

■U-HT2MLA改(日野)

1-3474	横22か7583	92南○
2-3492	横22か7834	93南○
2-3493	横22か7835	93南○
2-3495	横22か7825	93保○
2-3496	横22か7826	93保○
2-3497	横22か7846	93浅○

■U-HT2MLAH(日野)

3-3521	横22か8187	94保○
3-3524	横22か8141	94浅○
3-3525	横22か8143	94浅○
3-3527	横22か8152	94野○

■U-HU2MLAA改(日野)

1-3473	横22か7582	92浅○
2-3478	横22か7794	92浅○
3-3522	横22か8155	94保○
3-3526	横22か8151	94南○

■KC-HT2MLCA(日野)

5-3544	横22か8577	95保○
5-3545	横22か8578	95保○
5-3546	横22か8579	95保○
5-3547	横22か8589	95保○
5-3548	横22か8585	95保○
5-3550	横22か8586	95保○
5-3551	横22か8587	95保○
5-3552	横22か8588	95保○
5-3553	横22か8600	95保○
5-3562	横22か8601	95浅○
5-3572	横22か8611	95野○

■KC-HT2MLCA改(日野)

5-3554	横22か8602	95浅○
5-3563	横22か8603	95浅○
5-3570	横22か8610	95南○
5-3571	横22か8714	95南○
5-3573	横22か8609	95野○

■KC-HT2MMCA(日野)

6-3107	横88か9896	96浅△

■KC-HT2MMCA改(日野)

5-3106	横88か9637	95南△

■KC-HU2MLCA改(日野)

6-3575	横22か8898	96保○
6-3576	横22か8899	96保○
6-3577	横22か8900	96保○
6-3578	横22か8901	96保○
6-3579	横22か8902	96保○
6-3580	横22か8903	96保○
6-3581	横22か8904	96保○
6-3582	横22か8905	96保○
6-3583	横22か8906	96保○
6-3584	横22か8907	96保○
6-3585	横22か8908	96保○
6-3588	横22か8913	96浅○
6-3589	横22か8914	96浅○
6-3590	横22か8915	96浅○
6-3591	横22か8916	96浅○
6-3592	横22か8917	96浅○
6-3593	横22か8918	96南○
6-3594	横22か8919	96南○
6-3595	横22か8920	96南○
6-3596	横22か8921	96南○
6-3597	横22か8922	96南○
6-3586	横22か9010	97保○
6-3587	横22か9011	97保○
6-3598	横22か8927	97野○
6-3599	横22か8928	97野○
6-3600	横22か8929	97野○
6-3601	横22か8930	97野○
6-3602	横22か8931	97野○
6-3603	横22か8932	97野○
6-3604	横22か8933	97野○
6-3605	横22か8934	97野○
6-3606	横22か8935	97野○
8-3610	横200か33	98南○
8-3611	横200か34	98南○
8-3612	横200か35	98南○
8-3613	横200か36	98南○
8-3616	横200か115	98浅○
8-3617	横200か116	98浅○
8-3618	横200か117	98浅○
8-3619	横200か120	98南○
8-3620	横200か121	98南○
8-3621	横200か122	98南○
8-3622	横200か132	98南○
8-3623	横200か133	98南○
8-3624	横200か134	98南○
8-3625	横200か136	98南○
8-3626	横200か137	98南○
8-3627	横200か138	98南○
8-3628	横200か139	98南○
8-3629	横200か123	98野○
8-3630	横200か124	98野○
8-3631	横200か125	98野○

■HU2PMCE(日野)

7-3609	横22か9247	98浅○

■KC-HU2PMCE(日野)

8-3614	横200か118	98保○
8-3615	横200か119	98保○
8-3632	横200か191	99保○
8-3637	横200か183	99浅○
8-3638	横200か184	99浅○
8-3639	横200か189	99南○
8-3640	横200か190	99南○

■U-RU3FTAB(日野)

1-3005	横22か7507	91保◎
2-3006	横22か7680	92保□

■U-RU3FSAB(日野)

4-3007	横22か8340	94保□
4-3008	横22か8341	94保□

三菱ふそう

■U-MJ217F改(MBM)

4-2489	横22か8395	94二○
4-2490	横22か8396	94二○
4-2491	横22か8397	94二○
4-2492	横22か8398	94二○

■KC-MK219J改(MBM)

7-2559	横22か9259	98緑○
7-2560	横22か9261	98緑○
7-2561	横22か9262	98緑○
7-2562	横22か9263	98緑○
8-2585	横200か215	99緑○
8-2586	横200か216	99緑○
8-2587	横200か217	99緑○

■P-MP218K(呉羽)

8-2303	横22か6364	88緑○
8-2305	横22か6366	88緑○
8-2306	横22か6367	88緑○
8-2307	横22か6391	88緑○
8-2308	横22か6391	88緑○
8-2309	横22か6392	88緑○
8-2310	横22か6393	88緑○
9-2349	横22か6829	89緑○
9-2350	横22か6830	89緑○
9-2351	横22か6831	89緑○
9-2352	横22か6832	89緑○
9-2353	横22か6833	89緑○
9-2354	横22か6835	89緑○
9-2355	横22か6834	89緑○
9-2356	横22か6836	89緑○
9-2357	横22か6837	89緑○
9-2358	横22か6838	89緑○
9-2359	横22か6839	89緑○
9-2360	横22か6840	89緑○
9-2361	横22か6841	89緑○
9-2362	横22か6850	89緑○
9-2363	横22か6851	89緑○
9-2364	横22か6852	89緑○
9-2365	横22か6853	89緑○
9-2366	横22か6854	89緑○
9-2367	横22か6855	89緑○
9-2368	横22か6878	89緑○
9-2369	横22か6864	89若○
9-2370	横22か6865	89若○
9-2371	横22か6866	89若○
9-2372	横22か6867	89若○
9-2373	横22か6868	89若○
9-2374	横22か6879	89若○

■P-MP218M(呉羽)

8-2321	横22か6444	88本○
8-2322	横22か6460	88本○
8-2323	横22か6461	88本○
8-2324	横22か6462	88本○
8-2325	横22か6463	88本○
9-2332	横22か6753	89本○
9-2333	横22か6754	89本○
9-2334	横22か6755	89本○
9-2335	横22か6756	89本○
9-2336	横22か6757	89本○
9-2337	横22か6758	89本○
9-2338	横22か6764	89本○
9-2339	横22か6765	89本○
9-2340	横22か6766	89本○
9-2341	横22か6767	89本○
9-2342	横22か6768	89本○
9-2343	横22か6769	89本○
9-2344	横22か6770	89本○

9-2345	横22か6771	89本○
9-2346	横22か6773	89本○
9-2347	横22か6772	89本○
9-2348	横22か6877	89本○

■P-MP218M改(呉羽)
7-2108	横88か7337	87緑△

■U-MP218K(呉羽/MBM)
0-2375	横22か7173	90若○
0-2376	横22か7174	90若○
0-2377	横22か7175	90若○
0-2378	横22か7177	90若○
0-2379	横22か7178	90若○
0-2380	横22か7168	90本○
0-2381	横22か7169	90緑○
0-2382	横22か7170	90緑○
0-2383	横22か7171	90緑○
0-2384	横22か7172	90緑○
0-2393	横22か7243	90緑○
0-2394	横22か7244	90緑○
0-2395	横22か7245	90緑○
0-2396	横22か7246	90緑○
0-2397	横22か7328	91若○
1-2412	横22か7484	91緑○
1-2413	横22か7485	91緑○
1-2414	横22か7486	91緑○
1-2415	横22か7487	91緑○
1-2416	横22か7488	91緑○
2-2427	横22か7745	92緑○
2-2428	横22か7746	92緑○
2-2429	横22か7747	92緑○
2-2430	横22か7748	92緑○
2-2431	横22か7750	92緑○
2-2432	横22か7751	92緑○
2-2433	横22か7754	92若○
2-2434	横22か7755	92若○
2-2435	横22か7756	92若○
2-2436	横22か7757	92若○
2-2437	横22か7839	93緑○
2-2438	横22か7838	93緑○
2-2439	横22か7829	93緑○
2-2440	横22か7830	93緑○
2-2441	横22か7828	93緑○
3-2445	横22か8045	93若○
3-2446	横22か8046	93若○
3-2447	横22か8047	93若○
3-2448	横22か8048	93若○
3-2449	横22か8050	93若○
3-2450	横22か8051	93若○
3-2451	横22か8052	93若○
3-2452	横22か8025	93緑○
3-2453	横22か8026	93緑○
3-2454	横22か8027	93緑○
3-2455	横22か8028	93緑○
3-2456	横22か8029	93緑○
3-2457	横22か8034	93緑○
3-2458	横22か8035	93緑○
3-2459	横22か8036	93緑○
3-2460	横22か8037	93緑○
3-2461	横22か8038	93緑○
4-2470	横22か8318	94若○
4-2471	横22か8319	94若○
4-2472	横22か8320	94若○
4-2473	横22か8321	94若○
4-2474	横22か8322	94若○
4-2475	横22か8323	94若○
4-2476	横22か8324	94若○
4-2477	横22か8325	94若○
4-2479	横22か8291	94緑○
4-2480	横22か8292	94緑○
4-2481	横22か8293	94緑○
4-2482	横22か8294	94緑○
4-2483	横22か8295	94緑○
4-2484	横22か8296	94緑○
4-2485	横22か8297	94緑○
4-2486	横22か8298	94緑○

■U-MP218K改(MBM)
3-2467	横22か8093	94若○
3-2469	横22か8180	94緑○
4-2487	横22か8326	94緑○
4-2478	横22か8413	95若○
4-2488	横22か8412	95緑○

■U-MP218M(呉羽/MBM)
0-2385	横22か7182	90本○
0-2386	横22か7183	90本○
0-2387	横22か7184	90本○
0-2388	横22か7185	90本○
0-2389	横22か7251	90本○
0-2390	横22か7252	90本○
0-2391	横22か7253	90本○
0-2392	横22か7254	90本○
1-2402	横22か7424	91本○
1-2403	横22か7425	91本○
1-2404	横22か7426	91本○
1-2405	横22か7427	91本○
1-2406	横22か7455	91本○
1-2407	横22か7456	91本○
1-2408	横22か7457	91本○
1-2409	横22か7464	91本○
1-2410	横22か7465	91本○
1-2411	横22か7466	91本○
2-2418	横22か7765	92本○
2-2419	横22か7766	92本○
2-2420	横22か7767	92本○
2-2421	横22か7768	92本○
2-2422	横22か7769	92本○
2-2423	横22か7770	92本○
2-2424	横22か7771	92本○
2-2425	横22か7772	92本○
2-2442	横22か7843	93本○
2-2443	横22か7844	93本○
2-2444	横22か7845	93本○
3-2462	横22か8039	93本○
3-2463	横22か8040	93本○
3-2464	横22か8041	93本○
3-2465	横22か8043	93本○
3-2466	横22か8044	93本○
4-2493	横22か8312	94本○

■U-MP218N(呉羽)
0-2398	横22か7324	91鶴○
0-2399	横22か7325	91鶴○
0-2400	横22か7326	91鶴○
0-2401	横22か7327	91鶴○

■U-MP618K改(MBM)
3-2468	横22か8179	94本○

■U-MP618M改(呉羽/MBM)
1-2417	横22か7579	92本○
2-2426	横22か7795	92本○
4-2494	横22か8394	94本○

■U-MP628M改(MBM)
4-2495	横22か8414	95本○

■KC-MP217K(MBM)
5-2496	横22か8569	95若○
5-2497	横22か8570	95若○
5-2498	横22か8571	95若○
5-2499	横22か8590	95若○
5-2500	横22か8591	95若○
5-2501	横22か8592	95若○
5-2502	横22か8593	95若○
5-2503	横22か8594	95若○
5-2504	横22か8595	95若○
5-2505	横22か8604	95若○
5-2506	横22か8605	95若○
5-2509	横22か8612	95緑○
5-2510	横22か8613	95緑○
5-2511	横22か8615	95緑○
5-2512	横22か8614	95緑○
5-2513	横22か8617	95緑○
5-2514	横22か8618	95緑○
5-2515	横22か8619	95緑○
5-2516	横22か8620	95緑○

■KC-MP217K改(MBM)
5-2507	横22か8606	95若○
5-2517	横22か8621	95緑○

■KC-MP217M(MBM)
5-2519	横22か8622	95本○
5-2520	横22か8623	95本○
5-2521	横22か8624	95本○
5-2522	横22か8625	95本○
5-2523	横22か8628	95本○
5-2524	横22か8629	95本○
5-2525	横22か8630	95本○
5-2526	横22か8646	95本○
5-2527	横22か8647	95本○

■KC-MP217M改(MBM)
5-2528	横22か8648	95本○

■KC-MP237K(MBM)
5-2508	横22か8721	96若○
5-2518	横22か8720	96緑○

■KC-MP717K(MBM)
7-2530	横22か9078	97若○
7-2531	横22か9080	97若○
7-2532	横22か9081	97若○
7-2533	横22か9082	97若○
7-2534	横22か9083	97若○
7-2535	横22か9084	97若○
7-2536	横22か9085	97若○
7-2537	横22か9086	97若○
7-2538	横22か9087	97若○
7-2539	横22か9088	97若○
7-2540	横22か9090	97緑○
7-2541	横22か9089	97緑○
7-2543	横22か9091	97緑○
7-2544	横22か9092	97緑○
7-2545	横22か9093	97緑○
7-2552	横22か9186	98若○
7-2553	横22か9187	98若○
7-2554	横22か9190	98若○
7-2555	横22か9188	98若○
7-2556	横22か9189	98若○
7-2557	横22か9202	98緑○
7-2558	横22か9203	98緑○
8-2569	横200か45	98緑○
8-2570	横200か46	98緑○
8-2571	横200か47	98緑○
8-2572	横200か48	98緑○
8-2578	横200か113	98若○
8-2579	横200か114	98若○

■KC-MP717M(MBM)
7-2546	横22か9079	97本○
7-2547	横22か9110	97本○
7-2548	横22か9107	97本○
7-2550	横22か9108	97本○
7-2551	横22か9109	97本○
8-2573	横200か17	98本○
8-2574	横200か18	98本○
8-2575	横200か19	98本○
8-2576	横200か20	98本○
8-2577	横200か21	98本○

■KC-MP717M改(MBM)
6-2529	横22か9014	97本○

■KL-MP737K(MBM)
8-2580	横200か126	98若○
8-2581	横200か127	98若○

■KL-MP737M(MBM)
8-2583	横200か128	98本○
8-2584	横200か129	98本○

■KC-MP747M(MBM)
7-2563	横22か9191	98本○
7-2564	横22か9252	98本○
7-2565	横22か9253	98本○
7-2566	横22か9254	98本○
7-2567	横22か9255	98本○
7-2568	横22か9258	98本○
8-2582	横200か112	98本○
8-2588	横200か221	99本○
8-2589	横200か223	99本○

現有車両一覧表 (2023年9月1日現在)

車両一覧表凡例　■LKG-LV234Q3（JBUS）　開 0-1215　横230あ1215　10 磯 ○
　　　　　　　　　　　　①　　　　　　　　　②　　　　③　　④　　　⑤　　　⑥⑦⑧

①車台型式
②ボディメーカー
③保有事業者
　無印：横浜市交通局／開：横浜交通開発
④局番
⑤登録番号
　横：横浜

⑥年式（登録年西暦の下2桁）
　（ ）：移籍車の新製時の登録年
⑦所属営業所
　保：保土ケ谷／若：若葉台／浅：浅間町／滝：滝頭／本：本牧／南：港南
　北：港北／鶴：鶴見／緑：緑／磯：磯子
⑧用途
　○：一般路線車／□：貸切車／△：特定車

いすゞ

SDG-LR290J1（JBUS）

4-1795	横200か4089	14緑○
4-1796	横200か4090	14緑○
4-1797	横200か4091	14保○
4-1798	横200か4092	14保○
4-1799	横200か4093	14保○
4-1800	横200か4095	14本○
4-1801	横200か4096	14本○
5-1807	横200か4312	16鶴○
5-1808	横200か4313	16鶴○

SKG-LR290J2（JBUS）

7-1829	横200か4701	17保○
7-1830	横200か4702	17保○
7-1831	横200か4705	17保○
7-1832	横200か4706	17保○

PKG-LV234L2（JBUS）

9-1633	横230あ1633	09北○
9-1634	横230あ1634	09北○
9-1635	横230あ1635	09北○
9-1636	横230あ1636	09北○
9-1637	横230あ1637	09若○
9-1638	横230あ1638	09若○
9-1639	横230あ1639	09若○
9-1640	横230あ1640	09若○
9-1641	横230あ1641	09若○
9-1643	横230あ1643	09若○
9-1644	横230あ1644	09北○
9-1645	横230あ1645	09北○
9-1646	横230あ1646	09北○
9-1647	横230あ1647	09緑○
9-1648	横230あ1648	09浅○
9-1650	横230あ1650	09保○
9-1651	横230あ1651	09保○
9-1652	横230あ1652	09浅○
9-1653	横230あ1653	09若○
9-1654	横230あ1654	09緑○
9-1655	横230い1655	09鶴○
9-1656	横230あ1656	09鶴○
9-1657	横230あ1657	09鶴○
9-1658	横230あ1658	09鶴○
9-1659	横230い1659	09北○
9-1660	横230あ1660	09鶴○
9-1661	横230あ1661	09鶴○
9-1662	横230あ1662	09鶴○
9-1663	横230あ1663	09鶴○

9-1664	横230あ1664	09緑○
9-1665	横230あ1665	09緑○
9-1666	横230あ1666	09緑○
9-1667	横230あ1667	09緑○
9-1668	横230あ1668	09緑○
9-1669	横230あ1669	10緑○
9-1670	横230あ1670	10緑○
9-1671	横230あ1671	10北○
9-1672	横230あ1672	10北○
9-1673	横230あ1673	10本○
9-1674	横230あ1674	10本○
9-1675	横230あ1675	10若○
9-1676	横230あ1676	10若○
9-1677	横230あ1677	10若○
9-1678	横230あ1678	10北○
9-1679	横230あ1679	10滝○
9-1680	横230あ1680	10若○
9-1681	横230あ1681	10若○
0-1683	横230あ1683	10北○
0-1684	横230あ1684	10滝○
0-1685	横230あ1685	10滝○
0-1686	横230あ1686	10滝○
0-1687	横230あ1687	10滝○
0-1688	横230あ1688	10滝○
0-1689	横230あ1689	10緑○
0-1690	横230あ1690	10緑○
0-1691	横230あ1691	10保○
0-1692	横230あ1692	10保○
0-1693	横230あ1693	10保○
0-1694	横230か2019	10保○
0-1695	横230あ1695	10保○
0-1696	横230あ1696	10保○
0-1697	横230あ1697	10保○
0-1698	横230あ1698	10北○
0-1699	横230あ1699	10浅○
0-1700	横230あ1700	10浅○
0-1701	横230あ1701	10南○
0-1702	横230あ1702	10南○
0-1703	横230あ1703	10南○
0-1704	横230あ1704	10南○
0-1705	横230あ1705	10南○
0-1706	横230あ1706	10南○
0-1707	横230あ1707	10緑○
0-1708	横230あ1708	10緑○
0-1709	横230あ1709	10緑○
0-1710	横230あ1710	10若○
0-1711	横230あ1711	10若○
0-1712	横230あ1712	10若○

0-1713	横230あ1713	10保○
0-1714	横230あ1714	10浅○
0-1715	横230あ1715	10浅○
0-1716	横230あ1716	10浅○
0-1717	横230あ1717	10滝○
0-1718	横230あ1718	10浅○
0-1719	横230あ1719	10南○
0-1720	横230あ1720	10南○
0-1721	横230あ1721	10南○
0-1722	横230あ1722	10本○
0-1723	横230あ1723	10本○
0-1724	横230あ1724	10南○
0-1725	横230あ1725	10北○
0-1726	横230あ1726	10北○
0-1727	横230あ1727	10浅○
0-1728	横230あ1728	10浅○
0-1729	横230あ1729	10浅○
0-1730	横230あ1730	10北○
0-1731	横230あ1731	10北○
0-1732	横230あ1732	10北○
0-1733	横230あ1733	10北○
0-1734	横230あ1734	10北○
0-1735	横230あ1735	10北○
0-1736	横230あ1736	10北○
0-1737	横230あ1737	10北○
0-1738	横230あ1738	10北○
0-1739	横230あ1739	10北○
0-1740	横230あ1740	10磯○
0-1741	横230あ1741	10鶴○
0-1743	横230あ1743	10鶴○
0-1744	横230あ1744	10鶴○
0-1745	横230あ1745	10鶴○
0-1746	横230あ1746	10鶴○
0-1747	横230あ1747	10鶴○
0-1748	横230あ1748	10鶴○
0-1750	横230あ1750	10鶴○

PKG-LV234Q2（JBUS）

8-1630	横230あ1630	08鶴○
8-1631	横230あ1631	08本○
8-1632	横230あ1632	08本○

LKG-LV234Q3（JBUS）

開	0-1215	横230あ1215	10磯○
開	0-1216	横230あ1216	10磯○

QPG-LV234L3（JBUS）

開	2-1218	横230あ1218	12磯○

開 2-1219	横230あ1219	13磯○

■QPG-LV234Q3（JBUS）

3-1761	横200か3853	13本○
3-1762	横200か3854	13本○
3-1763	横200か3855	13南○
3-1764	横200か3856	13保○
3-1765	横200か3857	13本○
3-1766	横200か3858	13本○
3-1767	横200か3861	13本○
3-1768	横200か3862	13本○
3-1769	横200か3863	13本○
3-1770	横200か3868	13本○
3-1771	横200か3869	13本○
3-1772	横200か3873	13本○
3-1773	横200か3874	13本○
3-1774	横200か3877	13磯○
3-1775	横200か3878	13磯○
3-1776	横200か3879	13鶴○
4-1787	横200か4065	14本○
4-1788	横200か4066	14本○
4-1789	横200か4071	14本○
4-1790	横200か4073	14本○
4-1791	横200か4074	14若○
4-1792	横200か4079	14磯○
4-1793	横200か4080	14磯○
4-1794	横200か4082	14磯○

■QQG-LV234L3（JBUS）

3-1777	横200か3955	13北○
3-1778	横200か3956	13北○
3-1779	横200か3957	13本○
3-1780	横200か3958	13本○
3-1781	横200か3959	13保○
3-1782	横200か3960	13保○
3-1783	横200か3961	13保○
3-1784	横200か3963	13浅○
3-1785	横200か3964	13浅○
3-1786	横200か3965	13浅○

■QDG-LV290N1（JBUS）

7-1809	横230あ1809	17浅○
7-1810	横230あ1810	17浅○
7-1811	横230あ1811	17浅○
7-1812	横230あ1812	17浅○
7-1813	横230あ1813	17浅○
7-1814	横230あ1814	17浅○
7-1815	横230い1815	17滝○
7-1816	横230あ1816	17北○
7-1817	横230あ1817	17緑○
7-1818	横230あ1818	17緑○
7-1819	横230あ1819	17本○
7-1820	横230あ1820	17本○
7-1821	横230あ1821	17緑○
7-1822	横230あ1822	17緑○
7-1823	横230あ1823	17緑○
7-1824	横230あ1824	17緑○
7-1825	横230あ1825	17北○
7-1826	横230あ1826	17北○
7-1827	横230あ1827	17北○
7-1828	横230あ1828	17北○

■QSG-LV234L3（JBUS）

5-1802	横200か4307	16保○
5-1803	横200か4308	16保○
5-1804	横200か4309	16浅○
5-1805	横200か4310	16浅○
5-1806	横200か4311	16浅○

■2DG-LV290N2（JBUS）

7-1833	横230あ1833	17浅○
7-1834	横230あ1834	17滝○
7-1835	横230あ1835	17緑○
7-1836	横230あ1836	17本○
7-1837	横230あ1837	17本○
7-1838	横230あ1838	17滝○
7-1839	横230あ1839	17滝○
7-1840	横230あ1840	17本○
7-1841	横230あ1841	17本○
7-1843	横230あ1843	17若○
7-1844	横230あ1844	17若○
7-1845	横230あ1845	17若○
7-1846	横230あ1846	17磯○
7-1847	横230あ1847	17磯○
7-1848	横230あ1848	17磯○
7-1850	横230あ1850	17南○
7-1851	横230あ1851	17鶴○
7-1852	横230あ1852	17鶴○
7-1853	横230あ1853	17鶴○
7-1854	横230あ1854	17南○
7-1855	横230あ1855	17南○
7-1856	横230あ1856	18鶴○
7-1857	横230あ1857	18鶴○
7-1858	横230あ1858	18北○
7-1859	横230あ1859	18北○
7-1860	横230あ1860	18北○
7-1861	横230あ1861	18保○
7-1862	横230あ1862	18保○
7-1863	横230あ1863	18保○
7-1864	横230あ1864	18緑○
7-1865	横230あ1865	18鶴○
8-1866	横200か4785	18緑○
8-1867	横200か4786	18緑○
8-1868	横200か4787	18滝○
8-1869	横200か4788	18鶴○
8-1870	横200か4789	18北○
8-1871	横200か4790	18北○
8-1872	横200か4797	18磯○
8-1873	横200か4798	18北○
8-1874	横200か4806	18鶴○
8-1875	横200か4807	18若○
8-1876	横200か4808	18若○
8-1877	横200か4809	18若○
8-1878	横200か4810	18若○
8-1879	横200か4811	18若○
8-1880	横200か4814	18若○
8-1881	横200か4815	18若○
8-1882	横200か4817	18磯○
8-1883	横200か4834	18鶴○
8-1884	横200か4835	18鶴○
8-1885	横200か4840	18鶴○
8-1886	横200か4846	18北○
8-1887	横200か4847	18北○
8-1888	横200か4848	18滝○
8-1889	横200か4851	18滝○
8-1890	横200か4852	18滝○
8-1891	横200か4860	18浅○
8-1892	横200か4861	18浅○
8-1893	横200か4864	18浅○
8-1894	横200か4865	18浅○
8-1895	横200か4866	18浅○
8-1896	横200か4872	18磯○
8-1897	横200か4873	18滝○
8-1898	横200か4874	18滝○
8-1899	横200か4875	18滝○
8-1900	横200か4883	18北○
8-1901	横200か4899	19北○
8-1902	横200か4900	19北○
8-1903	横200か4901	19鶴○
8-1904	横200か4902	19鶴○
8-1905	横200か4909	19緑○
8-1906	横200か4910	19緑○
8-1907	横200か4912	19緑○
8-1908	横200か4913	19緑○
8-1909	横200か4914	19鶴○
8-1910	横200か4915	19鶴○

■2PG-LV290N3（JBUS）

9-1911	横200か5072	20鶴○
9-1912	横200か5073	20鶴○
9-1913	横200か5086	20鶴○
9-1914	横200か5087	20鶴○
9-1915	横200か5090	20鶴○
9-1916	横200か5091	20鶴○
9-1917	横200か5094	20鶴○
0-1918	横200か5100	20鶴○
0-1919	横200か5101	20鶴○
0-1920	横200か5102	20鶴○
0-1921	横200か5103	20鶴○
0-1922	横200か5104	20鶴○
0-1923	横200か5105	20若○
0-1924	横200か5106	20若○
0-1925	横200か5107	20緑○
0-1926	横200か5108	20滝○
0-1927	横200か5109	20北○
0-1928	横200か5110	20北○
0-1929	横200か5111	20北○
0-1930	横200か5112	20北○
0-1931	横200か5118	20北○
0-1932	横200か5119	20北○
0-1933	横200か5120	20北○
0-1934	横200か5121	20北○
0-1935	横200か5123	20磯○
0-1936	横200か5124	20磯○
0-1937	横200か5125	20浅○
0-1938	横200か5126	20滝○
0-1939	横200か5127	20本○
0-1940	横200か5128	20本○

■2RG-LV290N3（JBUS）

0-1941	横200か5164	20若○
0-1943	横200か5165	20若○
0-1944	横200か5166	20緑○
0-1945	横200か5173	20若○
0-1946	横200か5174	20若○

■2TG-RU1ASDJ（JBUS）

0-1002	横200か5196	21滝□

■2TG-RU1ASDJ改（JBUS）

0-1001	横200か5202	21滝□

日産
■3BF-DS4E26（日産）

2-4004	横200あ538	22北□
2-4005	横200あ539	22北□

日産ディーゼル

■PKG-RA274KAN（西工）

7-4602	横200か2528	07滝○
7-4603	横200か2531	07滝○
7-4604	横230え2019	07磯○
7-4605	横200か2533	07滝○
7-4606	横200か2534	07鶴○
7-4607	横200か2536	07鶴□
7-4608	横200か2537	07滝○
7-4609	横200か2538	07滝○
7-4610	横200か2539	07滝○
7-4611	横200か2540	07滝○
7-4612	横200か2543	07鶴□
7-4613	横200か2544	07鶴□
7-4614	横200か2545	07鶴□
7-4615	横200か2546	07滝○
7-4616	横200か2562	07滝○
7-4617	横200か2563	07磯○
7-4618	横200か2564	07磯○
7-4619	横200か2565	07磯○
7-4620	横200か2566	07磯○
7-4621	横200か2569	07磯○
7-4622	横200か2572	07磯○
7-4623	横200か2573	07磯○
7-4624	横200か2584	07磯○
7-4625	横200か2585	07磯○
7-4626	横200か2590	07鶴○
7-4627	横200か2591	07滝○
7-4628	横200か2592	07滝○
7-4629	横200か2593	07滝○
7-4630	横200か2596	07滝○

トヨタ

■ZBC-MUM1NAE（JBUS）

9-6301	横231え2019	19滝○
2-6302	横200か5321	22滝○
2-6303	横200か5322	22滝○

日野

■SDG-XZB50M（トヨタ）

8-3101	横200あ466	18滝△

■BDG-HX6JLAE（JBUS）

7-3894	横200か2559	07磯○
8-3963	横230あ3963	08保○
8-3964	横230あ3964	08保○
8-3965	横230あ3965	08保○
8-3966	横230あ3966	08保○
8-3967	横230あ3967	08保○
8-3969	横230あ3969	08保○
8-3970	横230あ3970	08緑○
8-3971	横230あ3971	08磯○
8-3972	横230あ3972	08磯○
8-3973	横230あ3973	08磯○
8-3974	横230あ3974	08本○
9-3985	横230あ3985	09滝○
9-3986	横230あ3986	09滝○

■SKG-HX9JLBE（JBUS）

2-3365	横200か3795	13本○
2-3366	横200か3797	13磯○
2-3367	横200か3798	13緑○
2-3437	横200か4397	13緑○
3-3382	横200か3933	13保○

■SDG-HX9JLBE（JBUS）

5-3413	横200か4303	16保○
5-3414	横200か4304	16保○
5-3415	横200か4305	16滝○
5-3416	横200か4306	16滝○
6-3485	横200か4518	16保○
6-3486	横200か4519	16保○
6-3487	横200か4520	16保○
6-3488	横200か4521	16保○
6-3489	横200か4522	16本○
6-3490	横200か4523	16本○
6-3491	横200か4525	16保○
6-3492	横200か4526	16保○
6-3493	横200か4530	17保○
6-3494	横200か4531	17保○
6-3495	横200か4534	17緑○
6-3496	横200か4535	17緑○
6-3497	横200か4537	17緑○
6-3498	横200か4539	17本○

■2DG-HX9JLCE（JBUS）

7-3505	横200か4757	18保○
7-3506	横200か4758	18保○
9-3527	横200か5022	20保○
9-3528	横200か5024	20滝○
9-3529	横200か5025	20滝○
9-3530	横200か5026	20本○
9-3531	横200か5027	20本○
9-3532	横200か5045	20磯○
9-3533	横200か5046	20磯○
9-3534	横200か5047	20磯○

■PB-HR7JHAE（JBUS）

4-3772	横230あ150	05本○
4-3773	横230い150	05本○
4-3774	横230う150	05本○
4-3775	横230え150	05本○
4-3776	横230か150	05本○

■BDG-HR7JPBE（JBUS）

8-3905	横230き150	08本○

■PDG-KR234J2（JBUS）

0-3307	横200か3304	11鶴○
0-3308	横200か3305	11鶴○
0-3309	横200か3310	11鶴○

■SKG-KR290J1（JBUS）

3-3383	横200か3923	13保○
3-3384	横200か3924	13保○
3-3385	横200か3925	13保○
3-3386	横200か3926	13保○
3-3387	横200か3927	13保○
3-3388	横200か3928	13保○
3-3389	横200か3929	13緑○
3-3390	横200か3930	13緑○
3-3391	横200か3931	13緑○
3-3392	横200か3934	13緑○
3-3393	横200か3935	13緑○
3-3394	横200か3936	13緑○
3-3395	横200か3938	13鶴○
3-3396	横200か3941	13鶴○
3-3397	横200か3943	13鶴○
3-3398	横200か3945	13鶴○
3-3399	横200か3946	13鶴○
3-3400	横200か3947	13本○
3-3401	横200か3948	13本○
3-3402	横200か3950	13鶴○
3-3403	横200か3951	13本○

■PJ-KV234L1（JBUS）

5-3789	横200か1846	05南○
5-3795	横200か1862	05浅○
5-3797	横200か1864	05滝○
5-3801	横200か1869	05本○
5-3802	横200か1870	05本○
5-3803	横230き2019	05北○
5-3810	横200か1891	05南○
5-3812	横200か1895	05磯○
5-3822	横200か1906	05北○
5-3823	横200か1907	05北○
5-3824	横200か1908	05磯○
5-3825	横200か1909	05本○
6-3833	横200か2162	06若○
6-3834	横200か2163	06若○
6-3835	横200い2019	06若○
6-3836	横200か2165	06鶴○
6-3837	横200か2166	06鶴○
6-3838	横200か2179	06鶴○
6-3839	横200か2180	06北○
6-3840	横200か2181	06鶴○
6-3841	横200か2174	06緑○
6-3843	横200か2175	06緑○
6-3844	横200か2187	06緑○
6-3845	横200か2190	06若○
6-3846	横200か2203	06緑○
6-3847	横200か2204	06若○
6-3848	横200か2205	06緑○
6-3850	横200か2212	06北○
6-3852	横200か2225	06若○
6-3853	横200か2226	06若○
6-3854	横200か2267	06若○
6-3855	横200か2268	06若○
6-3856	横200か2269	06若○
6-3857	横200か2271	06若○
6-3858	横200か2272	06北○
6-3859	横200か2273	06北○
6-3860	横200か2274	06北○
6-3861	横200か2275	06若○
6-3862	横200か2277	06若○
6-3863	横200か2278	06緑○
6-3864	横200か2279	06本○
6-3865	横200か2280	06北○
6-3866	横200か2284	06北○
6-3867	横200か2285	06緑○
6-3871	横200か2300	06若○
6-3872	横200か2301	06鶴○
6-3873	横200か2302	06鶴○
6-3874	横200か2305	06緑○

■PKG-KV234L2（JBUS）

8-3906	横230あ3906	08鶴○
8-3907	横230あ3907	08鶴○
8-3908	横230あ3908	08浅○
8-3909	横230あ3909	08浅○
8-3910	横230あ3910	08浅○
8-3911	横230あ3911	08浅○
8-3912	横230あ3912	08南○
8-3913	横230あ3913	08浅○
8-3914	横230く2019	08浅○
8-3915	横230あ3915	08浅○
8-3916	横230あ3916	08浅○

8-3917	横230あ3917	08緑○
8-3918	横230あ3918	08緑○
8-3919	横230あ3919	08緑○
8-3920	横230あ3920	08緑○
8-3921	横230う2019	09南○
8-3923	横230あ3923	09鶴○
8-3924	横230あ3924	09鶴○
8-3925	横230あ3925	09若○
8-3926	横230あ3926	09若○
8-3927	横230あ3927	09若○
8-3928	横230あ3928	09浅○
8-3929	横230あ3929	09浅○
8-3930	横230あ3930	09若○
8-3931	横230あ3931	09若○
8-3932	横230あ3932	09北○
8-3933	横230あ3933	09北○
8-3934	横230あ3934	09本○
8-3935	横230あ3935	09緑○
8-3936	横230あ3936	09緑○
8-3937	横230あ3937	09緑○
8-3938	横230あ3938	09緑○
8-3939	横230あ3939	09緑○
8-3940	横230あ3940	09緑○
8-3941	横230あ3941	09緑○
8-3943	横230あ3943	09緑○
8-3944	横230あ3944	09緑○
8-3945	横230あ3945	09緑○
8-3946	横230あ3946	09浅○
8-3947	横230あ3947	09北○
8-3948	横230あ3948	09滝○
8-3950	横230あ3950	09滝○
8-3951	横230あ3951	09滝○
8-3952	横230あ3952	09滝○
8-3953	横230あ3953	09北○
8-3954	横230あ3954	09北○
8-3955	横230あ3955	09北○
8-3956	横230あ3956	09本○
8-3957	横230け2019	09本○
8-3958	横230あ3958	09北○
8-3959	横230あ3959	09滝○
8-3960	横230あ3960	09滝○
8-3961	横230あ3961	09滝○
8-3962	横230あ3962	09滝○

■PKG-KV234Q2（JBUS）

0-3012	横230あ3012	10滝□

■BJG-HU8JLFP（JBUS）

7-3895	横230あ3895	08保○
7-3896	横230あ3896	08保○
7-3897	横230あ3897	08浅○
7-3898	横230あ3898	08保○
7-3899	横230あ3899	08保○
7-3900	横230あ3900	08南○
7-3901	横230あ3901	08南○
7-3902	横230あ3902	08南○
7-3903	横230あ3903	08南○
7-3904	横230あ3904	08南○
8-3975	横230あ3975	08保○
8-3976	横230あ3976	08保○
8-3977	横230あ3977	08保○
8-3979	横230あ3979	08浅○
8-3980	横230あ3980	08浅○
8-3981	横230あ3981	08南○
8-3982	横230あ3982	08南○
8-3983	横230あ3983	08南○

8-3984	横230あ3984	08南○
9-3987	横230あ3987	09南○
9-3988	横230あ3988	09南○
9-3989	横230あ3989	09南○
9-3990	横230あ3990	09南○
9-3991	横230あ3991	09南○
9-3992	横230あ3992	09南○
9-3993	横230あ3993	09南○
9-3994	横230あ3994	09保○
9-3995	横230あ3995	09保○
9-3996	横230あ3996	09浅○

■LJG-HU8JLGP（JBUS）

0-3997	横230あ3997	11保○
0-3998	横230あ3998	11保○
0-3999	横230あ3999	11保○
0-3300	横230あ3300	11保○
0-3301	横230あ3301	11南○
0-3302	横230あ3302	11南○
0-3303	横230あ3303	11本○
0-3304	横230あ3304	11本○
0-3305	横230あ3305	11南○
0-3306	横230あ3306	11南○
1-3310	横200か3457	11本○
1-3311	横230か3458	11本○
1-3312	横230か3459	11本○
1-3313	横200か3460	11保○
1-3314	横200か3461	11保○
1-3315	横200か3462	11保○
1-3316	横200か3464	11南○
1-3317	横200か3465	11南○
1-3318	横200か3466	11南○
1-3319	横200か3467	11南○

■QPG-KV234L3（JBUS）

2-3320	横200か3605	12北○
2-3321	横200か3606	12滝○
2-3322	横200か3607	12滝○
2-3323	横200か3613	12南○
2-3324	横200か3614	12南○
2-3325	横200か3653	12南○
2-3326	横200か3616	12若○
2-3327	横200か3617	12若○
2-3328	横200か3619	12若○
2-3329	横200か3621	12北○
2-3330	横200か3622	12北○
2-3331	横200か3656	12滝○
2-3332	横200か3657	12滝○
2-3333	横200か3658	12滝○
2-3334	横200か3659	12滝○
2-3335	横200か3661	12北○
2-3336	横200か3662	12北○
2-3337	横200か3663	12北○
2-3338	横200か3664	12北○
2-3339	横200か3665	12北○
2-3340	横200か3670	12保○
2-3341	横200か3671	12保○
2-3343	横200か3672	12保○
2-3344	横200か3673	12保○
2-3345	横200か3674	12保○
2-3346	横200か3679	12本○
2-3347	横200か3680	12本○
2-3348	横200か3681	12本○
2-3350	横200か3682	12北○
2-3351	横200か3683	12北○
2-3352	横200か3684	12北○

2-3353	横200か3685	12北○
2-3354	横200か3686	12北○
2-3355	横200か3687	12鶴○
2-3356	横200か3688	12鶴○
2-3357	横200か3689	12鶴○
2-3358	横200か3690	12鶴○
2-3359	横200か3691	12鶴○
2-3360	横200か3692	12鶴○
2-3361	横200か3696	12保○
2-3362	横200か3697	12保○
2-3363	横230く150	12本○
3-3378	横200か3916	13本○
3-3379	横200か3917	13本○
3-3380	横200か3919	13滝○
3-3381	横200か3920	13滝○
開5-3222	横230あ3222	15磯○
開5-3223	横230あ3223	15磯○
開5-3224	横230あ3224	15磯○

■LNG-HU8JLGP（JBUS）

2-3368	横200か3743	13浅○
2-3369	横200か3744	13浅○
2-3370	横200か3745	13浅○
2-3371	横200か3746	13浅○
2-3372	横200か3747	13浅○
2-3373	横200か3748	13南○
2-3374	横200か3750	13南○
2-3375	横200か3751	13保○
2-3376	横200か3752	13保○
2-3377	横200か3753	13保○
4-3404	横200か4129	15保○
4-3405	横200か4130	15保○
4-3406	横200か4132	15浅○
4-3407	横200か4133	15浅○
4-3408	横200か4139	15浅○
4-3409	横200か4140	15本○
4-3410	横200か4141	15本○
4-3411	横200か4125	15南○
4-3412	横200か4126	15南○

■QDG-KV290N1（JBUS）

5-3417	横200か4319	16浅□
5-3418	横200か4320	16若□
5-3419	横200か4321	16若○
5-3420	横200か4322	16滝□
5-3421	横200か4323	16滝○
5-3422	横200か4324	16本□
5-3423	横200か4325	16本○
5-3424	横200か4326	16浅□
5-3425	横200か4327	16緑○
5-3426	横200か4332	16緑○
5-3427	横200か4341	16浅○
5-3428	横200か4344	16滝○
5-3429	横200か4345	16滝○
5-3430	横200か4346	16本○
5-3431	横200か4347	16本○
5-3432	横200か4348	16緑○
5-3433	横200か4350	16緑○
5-3434	横200か4356	16磯○
5-3435	横200か4357	16磯○
5-3436	横200か4358	16南○
6-3438	横200か4415	16緑○
6-3439	横200か4416	16緑○
6-3440	横200か4417	16緑○
6-3441	横200か4418	16緑○
6-3443	横200か4419	16緑○

6-3444	横200か4431	16南□
6-3445	横200か4436	16南□
6-3446	横200か4437	16北□
6-3447	横200か4439	16北□
6-3448	横200か4440	16磯○
6-3450	横200か4462	16鶴□
6-3451	横200か4463	16鶴□
6-3452	横200か4469	16鶴○
6-3453	横200か4470	16滝○
6-3454	横200か4473	16浅○
6-3455	横200か4474	16浅○
6-3456	横200か4480	16鶴□
6-3457	横200か4484	16鶴○
6-3458	横200か4485	16鶴○
6-3459	横200か4490	16鶴○
6-3460	横200か4491	16鶴○
6-3461	横200か4492	16本○
6-3462	横200か4493	16本○
6-3463	横200か4494	16北○
6-3464	横200か4495	16北○
6-3465	横200か4502	16北○
6-3466	横200か4503	16北○
6-3467	横200か4504	16浅○
6-3468	横200か4505	16浅○
6-3469	横200か4506	16浅○
6-3470	横200か4507	16浅○
6-3471	横200か4509	16浅○
6-3472	横200か4510	16浅○
6-3473	横200か4511	16浅○
6-3474	横200か4512	16北○
6-3475	横200か4514	16滝○
6-3476	横200か4515	16浅○
6-3477	横200か4527	16浅○
6-3499	横230け150	16本○
6-3478	横200か4540	17緑○
6-3479	横200か4541	17保□
6-3480	横200か4543	17保□
6-3481	横200か4545	17北○
6-3482	横200か4546	17保□
6-3483	横200か4547	17磯○
6-3484	横200か4548	17磯○
開 6-3225	横230あ3225	17磯○

■2DG-KV290N2（JBUS）
8-3512	横230こ150	19本○

■2SG-HL2ANBP（JBUS）
7-3500	横230あ3500	17保○
7-3501	横230あ3501	17保○
7-3502	横230あ3502	17浅○
7-3503	横230あ3503	17浅○
7-3504	横230あ3504	17浅○
開 7-3226	横230あ3226	17磯○
8-3507	横200か4886	18南○
8-3508	横200か4887	18南○
8-3509	横200か4889	18浅○
8-3510	横200か4890	18浅○
8-3511	横200か4891	18浅○
開 8-3227	横230あ3227	18磯○
9-3517	横200か4997	19保○
9-3518	横200か4998	19保○
9-3519	横200か5001	19浅○
9-3520	横200か5002	19浅○
9-3521	横200か5005	19南○
9-3522	横200か5006	19南○
9-3523	横200か5011	19本○

9-3524	横200か5012	19本○
9-3525	横200か5031	20浅○
9-3526	横200か5032	20浅○
0-3535	横200か5170	20南○
0-3536	横200か5171	20南○
0-3537	横200か5172	20浅○
0-3538	横200か5175	20滝○
0-3539	横200か5176	20滝○
0-3540	横200か5177	20滝○
0-3541	横200か5178	20滝○
0-3543	横200か5179	20保○
0-3544	横200か5180	20本○
0-3545	横200か5181	20本○
開 0-3228	横230あ3228	20磯○
0-3546	横200か5182	21浅○
0-3547	横200か5183	21浅○
0-3548	横200か5184	21保○
0-3550	横200か5185	21浅○
0-3551	横200か5186	21浅○
0-3552	横200か5187	21浅○
0-3553	横200か5189	21保○
0-3554	横200か5190	21保○
0-3555	横200か5191	21浅○
0-3556	横200か5192	21浅○
1-3557	横200か5243	21浅○
1-3558	横200か5244	21浅○
1-3559	横200か5240	21南○
1-3560	横200か5241	21南○
1-3561	横200か5245	21保○
1-3562	横200か5246	21保○
1-3563	横200か5248	21保○
1-3564	横200か5250	21保○
1-3565	横200か5251	21保○
1-3566	横200か5252	21保○

■KX525Z1（JBUS）
9-3513	横201あ1	20滝○
9-3514	横200を2	20滝○
9-3515	横200を3	20滝○
9-3516	横230う4	20滝○

■PKG-RU1ESAA改（JBUS）
8-3010	横230い1935	08滝□
8-3011	横230あ1935	08滝□

■LKG-RU1ESBA（JBUS）
1-3013	横200か3413	11滝□

■QRG-RU1ASCA（JBUS）
2-3014	横200か3695	12滝□
3-3015	横200か3932	13滝□

三菱ふそう
■TPG-BE640G（MFBM）
4-2101	横830あ2500	15滝△

■LKG-MP37FK（MFBM）
1-2667	横200か3336	11緑○
1-2668	横200か3337	11緑○
1-2669	横200か3339	11緑○
1-2670	横200か3340	11緑○
1-2671	横200か3344	11緑○
1-2672	横200か3345	11緑○
1-2673	横200か3353	11緑○
1-2674	横200か3354	11緑○
1-2675	横200か3355	11緑○

1-2676	横200か3356	11本○
1-2677	横200か3357	11本○
1-2678	横200か3358	11本○
1-2679	横200か3369	11若○
1-2680	横200か3376	11若○
1-2681	横200か3377	11本○
1-2682	横200か3380	11本○
1-2683	横200か3381	11本○
1-2684	横200か3382	11本○
1-2685	横200か3385	11本○
1-2686	横200か3386	11本○
1-2687	横200か3387	11本○
1-2688	横200か3388	11本○
1-2689	横200か3389	11本○
1-2690	横200か3390	11本○
1-2691	横200か3397	11滝○
1-2692	横200か3398	11滝○
1-2693	横200か3399	11滝○
1-2694	横200か3400	11滝○
1-2695	横200か3401	11滝○
1-2696	横200か3402	11滝○
1-2697	横200か3403	11滝○
1-2698	横200か3405	11滝○
1-2699	横200か3406	11滝○
1-2700	横200か3407	11滝○
1-2701	横200か3408	11滝○
1-2702	横200か3409	11滝○
1-2703	横200か3410	11磯○
1-2704	横200か3411	11磯○
1-2705	横200か3412	11磯○
1-2706	横200か3414	11磯○
1-2707	横200か3415	11磯○
1-2708	横200か3416	11磯○
1-2709	横200か3417	11磯○
1-2710	横200か3418	11磯○
1-2711	横200か3419	11磯○
1-2712	横200か3420	11磯○
1-2713	横200か3421	11磯○
1-2714	横200か3422	11磯○
1-2715	横200か3423	11若○
1-2716	横200か3424	11若○
1-2717	横200か3425	11若○
1-2718	横200か3426	11若○
1-2719	横200か3427	11若○
1-2720	横200か3428	11若○
1-2721	横200か3429	11若○
1-2722	横200か3430	11若○
1-2723	横200か3432	11若○
1-2724	横200か3433	11緑○
1-2725	横200か3434	11緑○
1-2726	横200か3435	11緑○

■QTG-MS96VP（MFBM）
1-2001	横200か5220	(16)滝□

■2TG-MS06GP（MFBM）
1-2002	横200か5215	(18)滝□
1-2003	横200か5219	(18)滝□

【著者プロフィール】
加藤佳一（かとう よしかず）
1963年東京生まれ。東京写真専門学校（現東京ビジュアルアーツ）卒業。1986年にバス専門誌『バス・ジャパン』を創刊。1993年から『BJハンドブックシリーズ』の刊行を続け、バスに関する図書も多数編集。主な著書に『バスで旅を創る！』（講談社＋α新書）、『一日乗車券で出かける東京バス散歩』（洋泉社新書ｙ）、『路線バス終点の情景』（クラッセ）、『シニアバス旅のすすめ』（平凡社新書）、『バス趣味入門』『ビンテージバスに会いたい！』（天夢人）などがある。ＮＰＯ日本バス文化保存振興委員会理事。日本バス友の会会員。

【写真撮影】
加藤佳一（BJエディターズ）

【校正】
小川章（有限会社クリエイターズ・ファクトリー）

【協力】
横浜市交通局
横浜交通開発株式会社

昭和末期〜平成のバス大図鑑 第4巻
横浜市交通局

2023年12月29日　第1刷発行

著　者……………………加藤佳一
発行人……………………高山和彦
発行所……………………株式会社フォト・パブリッシング
　　　　　　　　　　〒161-0032　東京都新宿区中落合2-12-26
　　　　　　　　　　TEL.03-6914-0121 FAX.03-5955-8101
発売元……………………株式会社メディアパル（共同出版者・流通責任者）
　　　　　　　　　　〒162-8710　東京都新宿区東五軒町6-24
　　　　　　　　　　TEL.03-5261-1171 FAX.03-3235-4645
デザイン・DTP ………柏倉栄治（装丁・本文とも）
印刷所……………………株式会社シナノパブリッシングプレス

ISBN978-4-8021-3441-5 C0026

本書の内容についてのお問い合わせは、上記の発行元（フォト・パブリッシング）編集部宛ての
Eメール（henshuubu@photo-pub.co.jp）または郵送・ファックスによる書面にてお願いいたします。